Schöpfung

spielen und erzählen

Kinder begleiten
in Schule, Gemeinde
und Familie

Herausgegeben von
Dietrich Steinwede und Ingrid Ryssel

Graphische Gestaltung:
Doris Westheuser

Gütersloher Verlagshaus

Die Deutsche Bibliothek – CIP-Einheitsaufnahme

Religion – spielen und erzählen :
Kinder begleiten in Schule, Gemeinde und Familie /
Graph. Gestaltung: Doris Westheuser. –
Gütersloh : Gütersloher Verl.-Haus.
NE: Westheuser, Doris [Ill.]

3. Schöpfung – spielen und erzählen

Schöpfung – spielen und erzählen /
hrsg. von Dietrich Steinwede und Ingrid Ryssel.
Graph. Gestaltung: Doris Westheuser. –
Gütersloh : Gütersloher Verl.-Haus, 1996
(Religion – spielen und erzählen ; 3)
ISBN 3-579-02247-4
NE: Steinwede, Dietrich [Hrsg.]; Westheuser, Doris [Ill.]

ISBN 3-579-02247-4

Umschlaggestaltung: Doris Westheuser, Versmold.

Satz und Reproduktionen: Götz, Gütersloh und Weserdruckerei Rolf Oesselmann GmbH, Stolzenau
Druck und Bindung: PPK – Partner für Print und Kommunikation GmbH, Bielefeld
Printed in Germany

Die Trauer sagt mir:
Wer wird seinen Mund erheben, um für die Tiere zu sprechen?
Da ist der Mund eines Mannes, verschwistert dem Gras und dem Licht
und den vierbeinigen Geschöpfen.

Indianisch

Es müßte uns täglich neu mit Schrecken erfüllen, was wir tun: Wir plündern unseren Planeten, diese blaue Rarität im Kosmos. Wir zerstören unsere natürlichen Lebensgrundlagen (42% des Regenwaldes sind bereits abgeholzt). Wir verseuchen Meere und Flüsse mit Ölteppichen und giftigen Einlassungen. Wir verpesten unsere Atemluft mit CO_2 (»Der hat ausgespielt bei mir«). Wir heizen die Welt auf mit Industrieabgasen. Wir reduzieren die Artenvielfalt von Tieren und Pflanzen. Wir quälen Tiere in Tierversuchen und Massentierhaltung. Wir gefährden die Umwelt durch Giftmüll und jahrtausendelang strahlenden Atommüll.

Alle Tiere, die da leben, sehn uns an:
Sagt, ihr Menschen, was habt ihr mit unserm Haus getan?
Alle Bäume, unsre grünen Nachbarn, fragen stumm:
Sagt, ihr Menschen, warum bringt ihr uns denn um?
Alle Flüsse, alle Seen und die Meeresflut klagen an:
Ihr Menschen müßt doch wissen, was ihr tut.

Hans Baumann

Wer sind wir, daß wir so etwas tun? Die Erde verderben, heißt ihren Schöpfer mißachten. Der Satz ›Am besten, man schaut weg‹ (»Der Junge mit der Möwe«) kann und darf nicht unterschrieben werden. **»Keiner darf die Augen schließen und das Leiden, dessen Anblick er sich erspart, als nicht geschehen ansehen«** (Albert Schweitzer).

Was tun wir? Was tun wir nicht?

»Wir schauen den Bäumen beim Sterben zu« (J. Guggenmos). 10.000 Bäume werden pro Minute in der Welt gefällt. Ein gefällter Baum kann schreien. Die Kinder schreien, als ihr Lieblingsbaum abgesägt wird (»Unser Baum«). Bäume sind keine Ware, die man einfach mitnehmen kann. Bäume sind das Zeichen des Lebens und der Hoffnung. Die Todesstrafe gegen Bäume ist abzuschaffen. Dem Indianer ist er heilig, der Baum. **»Tu deine Augen auf und gehe zu einem Baum und sieh den an und besinne dich«**, sagt Jakob Böhme.

Wie der Baum, so das Wasser. Für uns ist es ein Gebrauchsmittel. Man kann 145 Liter davon täglich im Duschbad verbrauchen. Man kann es aber auch sparen. Man kann es behutsam wahrnehmen. Man kann es andächtig trinken (»Christof findet Wasser«). Für die, die unter der brennenden Sonne Afrikas täglich mühsam einen vierstündigen Weg zum Schlammloch zurücklegen müssen, um in einem Ledersack den Wasservorrat für die dürstende Familie herbeizuschaffen, wird das Wasser zum Überlebens-Mittel (»Eine Büchse Wasser«). Für den, der die vielfältigen Funktionen des Wassers mediativ bedenkt, wird es zum Symbol (»Was siehst du denn da?«).
Das Brot ist vielen unter uns heilig als ›unser täglich Brot‹, das Gott gibt. Eva schrotet Mehl aus selbstgesammelten Körnern. Daraus bäckt sie ihr Brot. Darin ist eine elementare symbolträchtige Beziehung hergestellt (»Eva bäckt Brot«).
Der Garten ist als Paradiesgarten Inbild der unberührten Schöpfung Gottes. Anna im kargen Hochland der Anden träumt von einem solchen Paradies. Und sie entschließt sich, in ihrer vegetationsarmen Region etwas davon zu verwirklichen (»Der Garten«).
Bäume, Wasser, Brot und Garten haben ihre Würde; und die Erde hat ihre Würde: In die von ihm selbst aufbereitete Muttererde legt Willi seinen Blumensamen (»Das Wunder«). Aus Muttererde zieht Timo seine Frucht (»Timos Pflanze macht Tomaten«). In neue Muttererde bringen zwei Mädchen ein Grasbüschel, das sie vor einem Unkrautvertilgungsmittel bewahrt haben (»Auf dem Balkon soll eine Wiese wachsen«). Willi, Timo und die Mädchen üben sich bei ihrem geringen Tun im Schöpfungsauftrag, die Erde zu bebauen und zu bewahren.
Und nicht nur bewahren, sondern auch Loben und Danken ist eine Form des Umgangs mit der Schöpfung. Jakob dankt für die Gabe der Erde mit einem rotgelben Apfel, den er zum Erntedankaltar bringt. Er übt sich im Schöpfungslob. Gleichzeitig teilt er und erfüllt damit das Gebot der Nächstenliebe (»Das Erntedankfest«). Das Loben und Danken erwächst aus dem Staunen über die Lebendigkeit, über die Schönheit, über das Geheimnis alles Geschaffenen, über Marienkäfer und Schmet-

Vorwort

terling (»Vom Staunen« – »Die Sonne erweckt einen Schmetterling«).
›Ehrfurcht vor allem Leben‹ (A. Schweitzer) schwingt darin mit und der Wunsch, mit der Schöpfung in Frieden auskommen zu können.
Und die Tiere haben ihre Würde. Tiere sind Geschöpfe Gottes. Sie zeigen offen ihre Gefühle und vertrauen uns. Tiere haben eine Seele. Darum: Der angekettete Hund hat ein Recht auf Freiheit (»Matthias«). Darum: Die im Eigelb verklebte Wespe hat ein Recht auf Leben (»Warum denn, Papa?«). Wie will der Mensch Ebenbild Gottes sein, wenn er einem Tier ohne Grund Böses antut. Aber: **»Indem ich einem Insekt aus der Not helfe, trage ich etwas ab von der stets neuen Schuld des Menschen an der Kreatur«** (A. Schweitzer).
Nicht immer gelingt das Behüten und Bewahren: Weder Kinder, die sehen müssen, wie ihr Lieblingsbaum stirbt (»Unser Baum«), haben Erfolg, noch der Junge, der die ölverklebte Möwe zu waschen und damit zu retten versucht (»Der Junge und die Möwe«).
Sie seufzt, die Kreatur, sie ängstigt sich (Römer 8,22). Die Tiere sind nicht zum Nutzen der menschlichen Habsucht und Gier geschaffen. Böse ist das brutale Töten um des Profits willen (Pelze, Elfenbein). Wohl darf der Mensch Natur und Kreatur zu seiner Ernährung nutzen, Tiere schlachten, Fische fangen, Gras mähen, Korn ernten. Die Kreatur ist sogar bereit, sich zu opfern, ja in diesem Opfer zum Segen zu werden: »Lieber Bambus, ich brauche dich« – »Herr, ich bin bereit« (»Geschichte vom Bambus«). Aber niemals dürfen wir gedankenlos töten, auch die kleinste Blume nicht.
Wir müssen sehen: Der Mensch steht nicht im Mittelpunkt der Natur. Er ist nicht ihr Herr und Besitzer. Er darf sich nicht ungehindert ihrer bedienen. Die Natur ist verletzlich. Ihre Ressourcen sind begrenzt. Der Mensch sollte erkennen, daß er ein Teil der Natur ist. Er muß lernen, wo sein Platz darin ist – irgendwo zwischen Berg und Ameise.
»Die Erde gehört dem Menschen nicht«, sagt der Indianerhäuptling Seattle: **»Vielmehr gehört der Mensch der Erde.«** Und diese Erde hat Rechte, so wie die Rechte des Menschen bestehen und einklagbar sind. Das Recht der Erde auf ihre Naturschätze ist zu nennen, das Recht auf Achtung aller Kreatur, die sie hervorgebracht hat, das Recht auf reines Wasser und reine Luft, das Recht auf freundliche Behandlung, ja, das Recht auf Liebe.
Die Erde zu lieben, heißt, im Frieden mit ihr zu sein, Heimat, Schutz und das zum Leben Notwendige, das sie uns als Kugel, als Stern im Weltraum bietet, immer wieder in Liebe anzunehmen. Noch trägt sie uns geduldig, unsere Mutter Erde. Noch erfreut sie uns immer wieder auf wunderbare Weise mit ihren Gaben. Und nur, wenn wir unsere Erde bewohnbar erhalten als Haus für alle Lebewesen, haben wir eine Chance auf Zukunft.
Heilig ist unsere Erde, d.h. ganz Gott zugehörig. **»Jeder Teil dieser Erde, jeder glitzernde Wassertropfen, die Frische der Luft, jede grüne Tannennadel, jeder Nebel in den Feldern, jedes summende Insekt ist heilig«** (Häuptling Seattle).
Heilen wir unsere Erde, halten wir sie heilig, sehen wir sie als Garten, die Menschen als Gärtner. Indes: Mensch, Tier und Pflanze heilig und in Liebe beieinander, all das wird Utopie bleiben. Aber das Bild steht uns vor Augen. Und es hat Kraft. Und es verleiht Hoffnung.

Geschichten zum Vorlesen (Selberlesen), zum Bedenken und Besprechen bietet dieses Heft. Kinder, die vielfach schon aufmerksam sind auf Natur und Umwelt, sollen noch aufmerksamer werden. Verantwortung ebenso für das Ganze der Erde, wie für das kleinste Lebewesen soll wachsen und sich festigen. Das Miteinandersprechen über die Geschichten ist dabei ebenso entscheidend für eine schöpfungsbejahende, schöpfungsbewahrende Haltung wie das kreative Er- und Bearbeiten von Einzelaspekten. Mit seiner Fülle von Anregungen und Beispielen gibt der Kreativteil dafür eine hervorragende Handhabe. Kinder lernen hörend, in der gedanklichen Auseinandersetzung (Gespräch) und indem sie sich immer wieder handlungsorientiert erproben.

Dietrich Steinwede

Inhalt

Geschichten

Seite

Kreatives

Seite

Quellenhinweise

Seite 3	**Alle Tiere, die da mit uns leben** *Hans Baumann*	© Elisabeth Baumann
Seite 7	**Was siehst du denn da?** *Johannes Thiele*	© Autor
Seite 7	**Die Sonne erweckt einen Schmetterling** *Gina Ruck-Pauquèt*	© Autorin
Seite 9	**Vom Staunen** *Rolf Krenzer*	***Aus:*** Rolf Krenzer: »Wir kleinen Menschenkinder«, Menschenkinder-Verlag, Münster, © Autor
Seite 10	**Christof findet Wasser** *Gudrun Pausewang*	© Autorin
Seite 11	**Timos Pflanze macht Tomaten** *Renate Schupp*	***Aus:*** Dietrich Steinwede (Hg.): »Neues Vorlesebuch Religion 1«, © Verlag Ernst Kaufmann, Lahr
Seite 12	**Matthias** *Gina Ruck-Pauquèt*	© Autorin
Seite 13	**Das Wunder** *Gudrun Pausewang*	© Autorin
Seite 15	**Eine Büchse Wasser** *Elfriede Becker*	***Aus:*** Becker / Fuchshuber (Hg.): »Ein Ort in allen vier Winden«, © Verlag Ernst Kaufmann, Lahr
Seite 16	**Unser Baum** *Gina Ruck-Pauquèt*	© Autorin
Seite 18	**Warum denn, Papa?** *Gina Ruck-Pauquèt*	© Autorin
Seite 19	**Der hat ausgespielt bei mir** *Gudrun Pausewang*	© Autorin
Seite 20	**Auf dem Balkon soll eine Wiese wachsen** *Hanna Hanisch*	© Rolf Hanisch
Seite 21	**Eva bäckt Brot** *Gudrun Pausewang*	***Aus:*** Krenzer / Fritz (Hg.): »100 einfache Texte zum Kirchenjahr«, © Verlag Ernst Kaufmann, Lahr / Kösel Verlag, München
Seite 23	**Der Junge und die Möwe** *Gudrun Pausewang*	***Aus:*** Gudrun Pausewang: »Es ist doch alles grün«, © by Ravensburger Buchverlag, 1991
Seite 25	**Der Garten** *Mechthild Theiss*	***Aus:*** Erhard Domay (Hg.): »Vorlesebuch Symbole«, © 1989 Verlag Ernst Kaufmann, Lahr
Seite 26	**Das Erntedankfest** *Lene Mayer-Skumanz*	***Aus:*** Lene Mayer-Skumanz: »Jakob und Katharina«. Geschichten zum Lesen, Spielen, Weiterdenken, Verlag Kerle, Wien

Für freundlich erteilte Abdruckgenehmigungen danken wir allen Autorinnen, Autoren und Verlagen.

Hinweise:
Die kreativen Beiträge sollten beim Kopieren je nach Bedarf vergrößert werden, um gute Lesbarkeit der Schrift sicherzustellen.
Viele Kopiervorlagen eignen sich gut zum Buntmalen.
Die Rätselauflösungen sind auf der letzten Seite zu finden.

Schöpfung wahrnehmen

Inhalt: *Ein alter Mann aus China preist die vielfältigen Vorzüge des Wassers.*

Ausdauer

Ausgleich

Erneuerung

Geschenk

Güte

Leben

Reinheit

Verträglichkeit

Wasser

Zielbewußtsein

Was siehst du denn da?

von Johannes Thiele

Einen Weisen im alten China fragten einmal seine Schüler: »Du stehst schon so lange vor diesem Fluß und schaust ins Wasser. Was siehst du denn da?«
Der Weise gab keine Antwort. Er wandte den Blick nicht ab von dem unablässig strömenden Wasser. Endlich sprach er: »Wohin es fließt, bringt es Leben und teilt sich aus an alle, die seiner bedürfen. Es ist gütig und freigebig. Die Unebenheiten des Geländes versteht es auszugleichen. Es ist gerecht. Ohne in seinem Lauf zu zögern, stürzt es sich über Steilwände in die Tiefe. Es ist mutig. Seine Oberfläche ist glatt und ebenmäßig, aber es kann verborgene Tiefen bilden. Es ist weise. Felsen, die ihm im Lauf entgegenstehen, umfließt es. Es ist verträglich. Aber seine sanfte Kraft ist Tag und Nacht am Werke, das Hindernis zu beseitigen. Es ist ausdauernd.
Wie viele Windungen es auch auf sich nehmen muß, niemals verliert es die Richtung zu seinem ewigen Ziel, dem Meer, aus dem Auge. Es ist zielbewußt. Und so oft es auch verunreinigt wird, bemüht es sich doch unablässig, wieder rein zu werden. Es hat die Kraft, sich immer wieder zu erneuern. Das alles«, sagte der Weise, »ist es, warum ich auf das Wasser schaue.«

Schöpfung bestaunen

Inhalt: *Vera beobachtet, wie ein Schmetterling aus der Puppe kriecht. Sie staunt über das werdende Leben. Sie ist glücklich.*

Einsicht

Fliegen

Freiheit

Glück

Konflikt

Metamorphose

Sonne

Streit

Die Sonne erweckt einen Schmetterling

von Gina Ruck-Pauquèt

Sie waren das ganze Stück gelaufen. Bei der dicken Tanne hielt Vera atemlos an. Sie lehnte sich gegen den Baumstamm.
»Was ist das?« fragte sie plötzlich.
Ein kleines, längliches Spinnwebhäufchen klebte in einer Kerbe der Rinde.
»Zeig mal!« Peter kam näher. »Eine Schmetterlingspuppe«, sagte er dann. »Habt ihr das nicht in der Schule gehabt?«
»Doch«, Vera nickte. »Aber ich habe noch nie einen Schmetterling schlüpfen sehen.«
»Ist ja auch schwierig in der Stadt«, meinte Peter.
»Das muß schön sein.«
»Wenn wir ein bißchen Glück haben, können wir es erleben.«
»Au, ja!« Vera war begeistert.
»Und den Schmetterling nehmen wir mit nach Hause. Als Andenken an die Ferien.«

Schöpfung bestaunen

Versöhnung

Vision

Wärme

Wunder

Vera starrte ihren Bruder verständnislos an.
»Wieso?«
»Na ja, das ist doch dann unser Schmetterling.«
»Du willst ihn fangen?«
»Warum nicht?«
»Ein Schmetterling muß doch fliegen!«
»Das kann er ja auch. In meinem Zimmer. Und später kommt er unter Glas.«
»Ich will nicht, daß du den Schmetterling fängst«, sagte Vera. »Und außerdem gehört er mir. Ich habe die Puppe zuerst gesehen.«
»Mach doch nicht so ein Getue!« lachte Peter. »Es gibt Millionen Schmetterlinge. Warum soll ich nicht einen fangen? Die leben sowieso nicht lange.«
Vera schwieg. Der Schmetterling war noch gar nicht geboren, und schon sollte sein Schicksal bestimmt sein. Bloß, weil Peter es wollte. Sie stellte sich vor, wie es da in der winzigen Puppe arbeitete. Wie sich aus einer plumpen Raupe der Falter entwickelte. Und wenn er dann endlich soweit war, wenn er die Flügel breitete und fliegen wollte, würde Peter die Hand ausstrecken.
»Nein«, sagte sie, »du wirst ihn nicht fangen.«
»Das werden wir ja sehen«, grinste Peter.

Jetzt waren sie sich böse. Peter lieh ihr sein Taschenmesser nicht mehr, und Vera verschwieg ihm, daß sie wußte, wo die Katze ihre Jungen hatte. Jeder ging seiner Wege.
Natürlich trieb es sie beide immer wieder zu der Tanne. Lange konnte es nicht mehr dauern.
Am nächsten Morgen, gleich nach dem Frühstück, bat der Bauer Peter, ihm bei den Kühen zu helfen. Es war noch kühl, und in den Wiesen glitzerte der Tau.
Vera zog ihren Pullover an und lief hinaus. Sie ging den Pfad entlang bis zur dicken Tanne. Jetzt eben stieg die Sonne über den Berg. Das Zwitschern der Vögel begrüßte sie.
»Das wär' ein Tag heute!« sagte Vera zu dem Schmetterling, der in der Puppe verborgen war.
Dann sammelte sie ein paar Tannenzapfen auf.

Als sie wieder hinsah, hatte die Sonne die Schmetterlingspuppe erreicht. War es nicht, als bewegte es sich in ihr? Vera starrte gebannt hin. Nun wurde es mit jeder Minute wärmer. Spürte das auch der Schmetterling in seiner Hülle? Würde die Sonne es schaffen, ihn hervorzulocken? Es war jetzt ganz deutlich, daß er sich regte, daß er versuchte, sein Gefängnis zu sprengen.
Vera wagte kaum zu atmen. »Komm, kleiner Schmetterling«, dachte sie, »komm!« Wie froh würde er sein, wenn er zum erstenmal frei wäre! An einem solchen Tag!
Die Sonne brannte auf Veras Rücken. Die Schmetterlingspuppe mußte jetzt von Wärme durchtränkt sein. Vera hörte ein winziges Geräusch hinter sich. Aber sie konnte sich nicht umdrehen.

Der Augenblick war da: Die Hülle riß auf. Schmal, mit zusammengefalteten Flügeln kroch der Schmetterling hervor. Zuerst saß er wie betäubt. Dann ging ein leichtes Zittern durch seinen Körper, wurde stärker, und zugleich schien er zu wachsen. Die Flügel breiteten sich aus; und ähnelten sie anfangs noch zerknittertem Seidenpapier, so wurden sie jetzt zusehends stärker und glatt. Es war, als nährte sich der Schmetterling von der Sonne. Bewegungslos saß er, hingegeben an die Wärme.
Vera sah ihn an. Sie war glücklich. Es war eine ganz große Sache, dabeisein zu dürfen. Jetzt erbebte der Schmetterling von neuem, und schon, wie von unsichtbarer Hand gehoben, flog er. Taumelte, als wäre er ein wenig trunken, über die Wiese dahin – und war am Anfang seines Lebens. Vera blickte ihm nach, bis er zwischen den Sträuchern verschwand. Dann erst wurde ihr bewußt, daß Peter neben ihr war.
»Bist du schon lange hier?« fragte sie. »Ich meine ...«
Peter nickte.
»Hast du es meinetwegen nicht getan?«
»Ich weiß nicht«, sagte Peter. Er blickte weg.
»Kommst du mit?« fragte er dann.
Vera nickte, und sie gingen miteinander zurück.

Inhalt: *Der Marienkäfer auf seiner Hand führt das Kind zum Fragen nach allem, was Gott geschaffen hat.*

Behutsamkeit

Fragen

Garten

Gott

Kosmos

Liebe

Tiere

Tod

Vom Staunen

von Rolf Krenzer

Einmal ist ein Marienkäfer auf den Finger von einem Kind geflogen.
Ganz still hat er dagesessen. Und das Kind hat seine Hand auch ganz still gehalten und ihn immer nur angesehen.
»Mutti!« hat das Kind ganz leise gerufen, damit der Marienkäfer ja nicht erschrickt und davonfliegt.
»Ein Marienkäfer« hat die Mutter gesagt und sich mit dem Kind gefreut.
»Wo wohnt er?« hat das Kind gefragt.
»Draußen im Garten!« hat die Mutter gesagt.
»Er kann richtig fliegen!« hat das Kind gesagt und den Finger ganz ruhig gehalten, damit er ja nicht erschrickt und davonfliegt.
»Ich kann nicht fliegen!« hat das Kind gemeint und den Marienkäfer angesehen. »Warum kann er das?«
»Weil Gott ihn so geschaffen hat!« hat die Mutter gesagt. »Gott will, daß er fliegen kann!«
»Und krabbeln!« hat das Kind gesagt und dem Marienkäfer zugesehen. Er ist auf seinem Zeigefinger herumgekrabbelt.
»Was hat Gott noch geschaffen?« hat dann das Kind gefragt.
»Alles!« hat die Mutter geantwortet. »Den Himmel und die Erde, die Sonne, den Mond und die Sterne, die großen Flüsse und die kleinen Bäche und das Meer, die Pflanzen und die Tiere ...«
»Und den Marienkäfer!« hat das Kind gesagt.
Da hat die Mutter genickt. »Er ist ja auch ein Tier!«
»Und die Elefanten!« hat das Kind gesagt. Elefanten mag es besonders gern. »Und die Frösche und die Bären und die Hunde und die Katzen ...« Das Kind hat so viele Tiere gewußt, daß die Mutter immer nur noch nikken konnte.
»Und die Dinosaurier!« hat das Kind gesagt. »Aber die sind leider schon alle gestorben!«
»Alle müssen einmal sterben!« hat die Mutter gesagt. »Dann holt Gott sie zu sich.«
»Aber noch nicht gleich!« hat das Kind gesagt und dem kleinen Marienkäfer zugesehen. Er hat jetzt wieder ganz oben auf seiner Fingerspitze gesessen.
»Du kannst wieder fliegen!«
Da ist der Marienkäfer ganz schnell davongeflogen.
Das Kind und die Mutter haben ihm lange nachgesehen.
»Dich hat Gott auch geschaffen!« hat die Mutter dann gesagt und das Kind ganz fest gedrückt. »Gelt, da staunst du!«
»Dich auch!« hat das Kind gesagt und sich ganz fest an die Mutter gedrückt.
»Da staunst du aber auch!«

Schöpfung bestaunen

Andacht
Ausdauer
Entdeckung
Freude
Geduld
Glück
Staunen
Wasser

Inhalt: *Christof gräbt so lange in die Tiefe, bis er auf Wasser stößt. Im Glas läßt er die braungelbe Flüssigkeit sich abklären. Dann trinkt er sein Wasser – voller Andacht.*

Christof findet Wasser

von Gudrun Pausewang

Christofs Eltern hatten ein Haus am Waldrand gebaut, noch ein gutes Stück vom Dorf entfernt. Und Christofs Vater hatte hinter dem Haus einen Sandkasten mit allerfeinstem, sauberen Flußsand angelegt.
Und nun saß Christof im Sandkasten und grub. Erst grub er mit der Sandschaufel, dann holte er aus der Garage eine uralte Kohlenschaufel. Das Loch wurde immer tiefer. Schließlich mußte er es verbreitern, damit er noch bis auf den Grund reichen konnte. Er lag platt auf dem Bauch und kratzte und schabte.
»Wo willst du denn noch hin, Junge?« fragte der Vater.
»Bis dorthin, wo kein Sand mehr ist«, antwortete Christof.
Die Plastik-Sandschaufel zerbrach, die Kohlenschaufel wurde zu schwer. Christof arbeitete mit einem gewöhnlichen Suppenlöffel weiter. Es sollte ein ganz tiefes Loch werden, tiefer, als er je bisher ein Loch gegraben hatte. Und bald langte er dort an, wo kein Sand mehr war, und stieß auf eine braungelbe, schmierige Schicht.
»Lehm«, sagte der Vater, der Christof zusah.
»Gib acht«, meinte Herr Walzel, der Nachbar, der hinter dem Zaun stand, »bald wirst du auf der anderen Seite der Erdkugel wieder herauskommen.« Aber das sollte nur ein Witz sein.
Es war ganz merkwürdig: Auf dem Grund des Loches wurde es immer kühler und feuchter. Der Lehm ließ sich formen. Formen läßt sich nur etwas, was mit Wasser angerührt ist. Christof spießte einen spitzen Stock in den Boden seines Lochs. Als er ihn wieder herauszog, hatte der Stock eine nasse Rinde. Aber nun rief ihn die Mutter zum Kaffee ins Haus. Als er eine halbe Stunde später wieder zu seinem Loch kam, stand Wasser darin, so hoch, wie sein Zeigefinger lang war.
»Ich hab Wasser gefunden, ich hab Wasser gefunden!« rief er aufgeregt und ließ sich von der Mutter ein Likörglas geben. Das senkte er ins Loch und füllte es mit Wasser. Das war trüb und gelblich-bräunlich. Er zeigte es Vater, Mutter und Herrn Walzel.
»Laß es eine Weile stehen«, sagte der Vater, »dann setzt sich der Schmutz«.
Christof stellte das Glas auf den Wohnzimmertisch und setzte sich davor. Er ließ das Wasser nicht aus den Augen. Er beobachtete, wie es langsam, langsam immer durchsichtiger wurde und wie sich langsam, langsam eine braungelbe Schicht auf dem Boden des Likörglases absetzte.
Er hielt lange neben dem Glas aus, obwohl es ein so heißer Tag war, daß ihm der Schweiß über die Schläfen lief. Und obwohl ihn der Vater eingeladen hatte, mit ihm in den Supermarkt zu fahren, zum großen Einkauf. Da war er doch immer gern dabei. Sicher hätte ihm der Vater dort ein Eis spendiert. Aber das wäre ein Eis aus fremdem Wasser gewesen.
Christof beobachtete das Glas, bis das Wasser ganz klar war. Er betrachtete das Wasser andächtig: sein Wasser! Vorsichtig, ohne die braune Schicht aufzuwirbeln, hob er das Glas und trank. Er trank das ganze Klare über dem Schmutz. Danach fühlte er sich kühl und wohl. Er wusch das Glas in der Küche aus und lief mit ihm hinaus, um es auch für seine Eltern zu füllen.

Inhalt: *Viel geduldige Pflege braucht Timos kleine Tomatenpflanze. Dann aber blüht sie – und bringt Frucht.*

Arbeit

Blüte

Ernten

Freude

Frucht

Geduld

Natur

Pflanzen

Pflege

Wachsen

Wasser

Timos Pflanze macht Tomaten

von Renate Schupp

Die Mama bringt vom Einkaufen eine Pflanze mit, eine Tomatenpflanze.
»Wo richtig echte Tomaten dran wachsen?« fragt Timo.
Die Mama nickt.
»Richtig rote, runde Tomaten«, sagt sie und lacht. »Willst du sie haben? Ich schenk' sie dir!«
Timo setzt die Pflanze in einen Blumentopf und stellt sie auf den Balkon. Jeden Abend gibt er ihr mit seiner kleinen Gießkanne Wasser. Da fängt die Pflanze an zu wachsen. Sie wächst und wächst. Sie reicht schon fast bis zum Geländer.
»Du mußt sie stützen, sonst fällt sie um«, sagt die Mama.
Timo steckt einen Stock in den Blumentopf und bindet die Pflanze fest.
»Nun bist du groß genug«, sagt er zu ihr. »Nun mußt du Tomaten machen!«
Aber sie wächst immer noch weiter.
Eines Morgens entdeckt Timo an seiner Pflanze kleine gelbe Sternchen. »Sie blüht!« ruft er aufgeregt und holt die Mama herbei. Er zählt die Blüten. Aber jeden Tag sind neue dran. Manche verdorren und fallen wieder ab. Aber an den anderen wachsen kleine grüne Knubbel. Timos Pflanze macht Tomaten!
Timo läuft jeden Tag viele Male auf den Balkon. Er paßt auf, daß die Pflanze immer genug Wasser hat. Er rückt sie in die Sonne. Er redet ihr gut zu. Da werden die Knubbel groß und dick. Und eines Tages zeigt sich der erste rote Schimmer auf ihrem blanken Grün.
»Kann man sie jetzt essen?« fragt Timo.
Aber die Mama schüttelt den Kopf. »Noch nicht! Erst wenn sie rund herum rot sind.«
Timo muß noch viel Wasser schleppen, bis die erste Tomate reif ist.
»Jetzt, Mama?« fragt er jeden Abend.
Und endlich nickt die Mama und sagt: »Ja, jetzt! Nimm diese hier!«
Timo legt vorsichtig beide Hände um die Tomate und pflückt sie ab. Er hält sie hoch und betrachtet sie von allen Seiten. Seine erste eigene Tomate!
»Na!« sagt er zu ihr und streichelt ihre glatte, feste Haut. »Weißt du was: Du hast ganz schön viel Arbeit gemacht!«

Schöpfung behüten

Einsetzen (sich)

Erfolg

Helfen

Quälen

Tiere

Unbeirrbarkeit

Unter-nehmungsgeist

Zivilcourage

Inhalt: *Matthias kann das Leid eines angeketteten jungen Hundes nicht ertragen. Er findet einen Weg, dem Tier zu helfen.*

Matthias

von Gina Ruck-Pauquèt

»Du mußt mir helfen«, sagte Matthias.
»Wobei?« fragte der Vater.
Er schaute vom Aquarium auf.
»Es ist wichtig«, sagte Matthias. »Da ist ein Hund, in der Völkerstraße, ein junger Hund. Der ist dauernd an der Kette.«
»Hm«, sagte der Vater.
»Er leidet«, sagte Matthias. »Hunde sind Lauftiere. Wir müssen was unternehmen«, sagte er.
»Was wollen wir unternehmen?« fragte der Vater.
»Wir könnten ihn klauen«, sagte Matthias.
»Es ist doch klar, daß das verboten ist«, sagte der Vater.
Er krümelte irgendwas ins Aquarium hinein.
»Warum ist es nicht verboten, daß ein Hund so unglücklich ist?« fragte Matthias.
»Hast schon recht«, sagte der Vater. »Aber da kann man nichts machen.«
Zuerst glaubte Matthias nicht, daß das alles war, was sein Vater sagte und tat. Sein Vater war gegen jede Ungerechtigkeit. Er konnte es nicht glauben. Aber sein Vater strich ihm übers Haar und ließ ihn stehen.
Matthias schluckte. Dann zog er seine Jacke an und ging in die Völkerstraße. Der Hund kannte ihn schon und schrie wieder in diesem jämmerlichen, hellen Tonfall. Er war jung. Er wollte laufen und spielen.
»Schade«, sagte Matthias.
Plötzlich stand ein Mann da.
»Willst du was?« fragte er.
»Ich spreche nur mit dem Hund«, sagte Matthias.
Der Mann sah ihn an, begriff wohl nicht.
»Ist es Ihr Hund?« fragte Matthias.
»Ja«, sagte der Mann.
»Er ist immer an der Kette«, sagte Matthias.
»Und?« sagte der Mann.
Matthias fühlte, wie sein Herz gegen die Rippen klopfte.
»Ein Hund braucht Bewegung«, sagte er.
»Ich hab' andere Sorgen«, sagte der Mann.
»Ich würde mit ihm spazierengehen«, sagte Matthias. »Jeden Tag.«
»Er wird abhauen«, sagte der Mann.
»Nein«, sagte Matthias.
Ein wenig später hielt er die Leine in der Hand. Der Hund sprang an ihm hoch.
Er lacht, dachte Matthias. Und er dachte noch etwas. Da konnte man doch was machen, dachte er.

Inhalt: *Die Urgroßmutter vom Lande schenkt Willi in der Stadt geheimnisvolle Samenkörner. In einem kleinen Beet auf dem dunklen Hof legt Willi sie in die Erde. Es wachsen – gegen mancherlei Gefährdung – wunderbare riesige Sonnenblumen.*

Arbeit
Ausdauer
Blühen
Erde
Freude
Geduld
Gefährdung
Glück
Land
Pflanzen
Regen
Säen
Samen
Schutz
Stadt
Wachsen
Wasser
Wunder

Das Wunder

von Gudrun Pausewang

Seht ihr Willi im roten Pulli zwischen seinen Freunden? Sie spielen auf dem engen Hof eines fünfstöckigen Häuserblocks, mitten in einer großen Stadt. Hier wohnen achtunddreißig Familien, und Willis Vater ist der Hausmeister. Der Hof ist mit Steinplatten ausgelegt. Grünes wächst hier nur in Blumentöpfen.
Willis Urgroßmutter lebt weit weg von der Stadt in einem alten Bauernhof. Hier haben schon ihre Eltern und Großeltern und Urgroßeltern gelebt. Sie ist vierundachtzig Jahre alt, aber sie hilft noch bei allen Arbeiten mit. Sie arbeitet fast den ganzen Tag im Grünen: im Garten, auf der Wiese, auf den Feldern. Oft denkt sie an Willi. Sie hat ihn noch nie gesehen.
Zu Willis siebtem Geburtstag entschließt sie sich, ihn zu besuchen. Fünf Stunden lang muß sie im Zug reisen, bis sie in Willis Stadt ankommt. Das ist eine große Sache für sie! Der Vater und Willi holen sie vom Bahnhof ab. Willi wundert sich, denn sie trägt ein Kopftuch und dicke wollene Strümpfe. Sie bringt einen Korb voll Eier und Speck mit, und Gläser mit eingemachten Kirschen. Für Willi hat sie noch ein besonderes Geburtstagsgeschenk: ein Tütchen mit braungelben Dingern, kaum so groß wie Willis Daumennagel.
»Was ist denn das?« fragt Willi.
»Junge«, ruft die Urgroßmutter, »du wirst doch wohl erkennen, daß das Samenkörner sind!«
Aber Willi hat noch nie Samenkörner gesehen.
»Die steckt man in die Erde«, erklärt die Urgroßmutter, »und sorgt dafür, daß die Erde feucht ist. Dann werden Pflanzen daraus. Dies ist kein gekaufter Samen, sondern selbstgezogener aus meinem Garten. Was für Pflanzen es werden, verrate ich dir nicht. Das soll eine Überraschung sein.«
»Aber wir haben ja keine Erde hier«, sagt Willi traurig.
»Was ist das für eine Welt, in der es keine Erde gibt!« ruft die Urgroßmutter bekümmert.
»Wir tun die Samen eben in einen Blumentopf«, sagt die Mutter. »Blumenerde gibt es ja zu kaufen.«
»Mit diesem Samen geht das nicht«, meint die Urgroßmutter. »Warum, das werdet ihr selber bald sehen. Aber wenn er nicht bald in die Erde kommt, wird nichts mehr daraus. Ihr könnt einem schon leid tun, hier in der Stadt.«
Nach zwei Tagen reist sie wieder heim.
Willi geht mit dem Samentütchen herum und läßt alle Kinder aus dem Häuserblock hineinschauen.
»In den Dingern ist ein Wunder drin«, erklärt er. »Wenn man sie in die Erde legt, kommen richtige Pflanzen aus ihnen heraus.«
»Glaub ich nicht«, sagt die kleine Mia aus dem Hinterhaus.
»Wenn ich nur Erde hätte!« ruft Willi. »Dann könnte ich dir's beweisen.«
Er schaut sich um. Kein bißchen Erde ist zu sehen. Aber mitten auf dem Hof ist eine Platte locker. Mit großer Mühe hebt er sie heraus. Nachdem er den Zement aus den Fugen gebohrt hat, kann er auch noch eine zweite und dritte und vierte Platte herauslösen. Aber darunter ist keine Erde, nur Sand.
Willi gibt nicht auf. Er holt eine alte Kohlenschippe aus dem Keller und schaufelt den Sand aus dem Loch. Unter dem Sand ist Erde. Willi tanzt vor Freude um das Loch herum und ruft den Vater. »Bist du verrückt, Junge?« schimpft der. »Was wird der Hausbesitzer sagen?«
»Aber ich brauche doch Erde für meinen Samen«, klagt Willi. Da steht der Vater eine Weile stumm vor dem Loch und sagt dann: »Na ja. Wenn er's nicht erlaubt, müssen die Platten eben wieder rein.«
Da springt Willi an seinem Vater hoch und küßt ihn vor Freude auf die Nase.
»Aber in dieser Erde wird nicht viel wachsen«, sagt

der Vater. »Purer Lehm. Den mußt du erst auflockern – so tief, wie dein Arm reicht.«
Den ganzen Nachmittag müht sich Willi mit seiner Schippe. Der Vater hilft ihm dann noch mit ein paar Spatenstichen.
»Jetzt muß der Lehm mit Blumenerde gemischt werden«, sagt er und gibt Willi zwei Zweimarkstücke. Willi läuft in den Supermarkt und holt eine große Tüte Blumenerde.
Am nächsten Morgen mischt Willi die Blumenerde unter den Lehm. Der Vater wirft noch drei Schippen voll Sand dazu.
»Sand hält die Erde locker«, sagt er.
Jetzt ist kein Loch mehr da, sondern ein richtiges Beet.
Und dann kommt der feierliche Augenblick: Willi steckt die Samenkörner in die Erde. Ein paar Kinder schauen zu. Da fängt es an zu regnen.
»Der Regen kommt wie gerufen«, sagt der Vater. »Und jetzt mußt du warten. Ein paar Tage wird es dauern, bis sich in deinem Beet etwas regt.«
Er klopft noch in alle vier Ecken des Beetes einen Holzpflock und spannt einen Draht darum.
Willi geht im ganzen Häuserblock von Tür zu Tür und sagt: »Ich habe ein Beet im Hof, in das habe ich meinen Geburtstagssamen hineingesät. Jetzt werden Pflanzen daraus wachsen. Bitte tretet nicht darauf. Dafür dürft ihr euch später meine Pflanzen auch ansehen.«
Die meisten Leute versprechen, das Beet zu schonen.
»Sagt es auch euren Kindern«, bittet Willi, »daß sie beim Spielen aufpassen sollen.«
Nur ein Mann in der Wohnung Nummer vierzehn sagt ärgerlich: »Laß mich mit deinem Quatsch in Ruhe.«
Jeden Morgen läuft Willi hinunter auf den Hof und betrachtet sein Beet. Am neunten Tag zeigen sich vier grüne Sprößchen, am zehnten Tag kommen noch fünf dazu.
»Das Wunder fängt an!« ruft Willi der kleinen Mia zu.
Er holt Mutters Gießkännchen, das sie für ihre Topfblumen braucht, und gießt damit die jungen Pflänzchen.
Jeden Tag wachsen sie ein Stück. Alle Kinder aus dem Block beugen sich über das Beet, wenn sie vorüberkommen. Die großen Jungen schließen sogar Wetten ab. Klaus behauptet, so sähen Bohnen aus, aber Manfred meint, das sei nur ganz gewöhnliches Unkraut.
Neun Pflanzen muß Willi behüten. Sie sind so verletzlich! Aber Willi kann schon schreiben. Er bastelt ein Schild und schreibt VORSICHT! darauf. Das Schild steckt er ins Beet.
Trotzdem geschieht es, daß ein Hund auf eine der Pflanzen pißt. Davon geht sie ein. Zwei andere sterben im Auspuffgas eines Möbelwagens, der sich langsam durch die Toreinfahrt rückwärts in den Hof schiebt. Die vierte Pflanze verdorrt unter der Pfeifenasche eines Elektrikers. Über die fünfte rollt der Bäckerjunge auf seinem Fahrrad.
Und Willi weint über jede Pflanze, die er verliert.
Aber vier Pflanzen bleiben leben. Sie wachsen immer rascher. Sie überholen Willi, ja sogar den Vater!
»Jetzt verstehe ich, warum man diesen Samen nicht in einem Blumentopf säen kann«, sagt Willi.
Die Kinder bestaunen die dicken Stengel mit den großen Blättern.
»Das ist ja fast ein Wald«, sagt der große Klaus.
Ganz oben an den Stengeln bilden sich Knospen. Alle Bewohner des Blocks warten gespannt. Und dann, an einem blauen Sommermorgen, öffnen sich zwei Knospen zu riesigen Blüten.
»Es sind Sonnenblumen!« rufen sich die Leute von Fenster zu Fenster zu. »Auf unserem dunklen Hof wachsen Sonnenblumen!«
Am nächsten Tag blühen sie alle vier.
Gerade an diesem Tag kommt der Hausbesitzer, um nach dem Rechten zu sehen. Willis Vater wird nervös.
»Oh«, ruft der Hausbesitzer, »Sonnenblumen! Gute Idee, mitten auf dem Hof ein Beet anzulegen.«
»Mein Junge hat diese Idee gehabt«, sagt der Hausmeister.
»Warum macht er das Beet nicht etwas größer?« fragt der Hausbesitzer. »So ein bißchen Grün im Hof wird sicher allen gefallen.«
Am Abend schreibt Willi mit großen schiefen Buchstaben an seine Urgroßmutter: Es sind Sonnenblumen geworden. Danke! Und wenn ich groß bin, will ich Gärtner werden.
Dein Willi

In der Schöpfung überleben

Inhalt: *In einer Trockenzone Zentralafrikas: Bis zum nächsten wasserführenden Loch müssen vier Stunden Wegs durch die menschenfeindliche Wüste zurückgelegt werden. Die achtjährige Madina begleitet ihre Mutter täglich, hilft ihr, das lebensspendende Naß aus dem tiefen Schlammloch zu schöpfen.*

Armut

Ausdauer

Dritte Welt

Durst

Hitze

Sonne

Trockenheit

Überleben

Wasser

Wüste

Eine Büchse Wasser

von Elfriede Becker

Noch ist es dunkel. Aber bald wird die Sonne hochsteigen, und bald wird die Hitze den Sand, die Steine, die wenigen Büsche aufheizen. Dies ist ein besonders heißer und trockener Sommer in der Mitte Afrikas. Noch ist es still um die Lehmhütten im Dorf. »Madina«, flüstert die Mutter und streichelt zärtlich die Wange des Mädchens. Madina schlägt die Augen auf. Ohne zu murren, erhebt sie sich von der Strohmatte. Neben ihr schlafen ihre beiden kleinen Brüder. Sie haben es gut. Sie müssen nie das tun, was Madina tun muß. Aber Madina ist schon acht Jahre alt, sie muß der Mutter helfen. Allein könnte das die Mutter nie schaffen.

Sie essen ein paar Löffel Maisbrei und gehen los. Mutter und Tochter müssen Wasser holen – jeden Tag! Die Mutter trägt den leeren Ledersack. Madina hat an einer Schnur eine Blechbüchse um den Hals hängen. Die Büchse schwingt vor ihrem roten Leinenkleid hin und her. Aus allen Hütten kommen andere Frauen und Mädchen. Alle müssen Wasser holen. Der Staub wirbelt hoch auf unter ihren nackten Füßen. Er legt sich auf das Gesicht, auf die dunklen Haare, macht die Zunge trokken. Tapfer marschiert Madina neben der Mutter her.

Es ist ein weiter Weg bis zur nächsten Wasserstelle. Vier Stunden hin und vier Stunden zurück müssen die Wasserholerinnen gehen. Es war nicht immer so. Aber es hat schon drei Jahre fast nicht geregnet. Die nahen Wasserstellen sind ausgetrocknet.

Erst gestern hat der Vater gesagt: »Wenn es dieses Jahr nicht regnet, müssen wir fortgehen. Unser Vieh wird verdursten, die Vorräte sind beinahe aufgebraucht.« Daran möchte Madina gar nicht denken.

Am Anfang des Weges sind die Mädchen noch lustig. Es ist noch kühl. Aber bald werden sie still. Denn die Sonne brennt unbarmherzig hernieder.

»Da sind wir«, sagt die Mutter und hockt sich auf die Fersen. Madina setzt sich neben sie in den Sand. Sie ist müde.

»Wir müssen warten«, sagt die Mutter. Ein dürrer Strauch spendet ein wenig Schatten. An der Wasserstelle haben sich ein paar Frauen angestellt. Um sie herum sitzen andere mit ihren kleinen Töchtern.

Endlich sagt die Mutter: »Madina, komm, wir sind dran.« Madina schreckt hoch. Sie ist im Sitzen eingeschlafen.

Die Wasserstelle ist ein tiefes Schlammloch. Das Wasser ist stark gesunken. Madina kennt das schon. Sie läßt sich von der Mutter das Seil um den Leib binden, steigt über den Rand und stellt einen Fuß in eine Seilschlinge. Das andere Seilende wickelt sich die Mutter um den Leib. Langsam steigt Madina abwärts, von der Mutter gehalten.

»Halt!« ruft Madina. Sie ist beim Wasserspiegel angelangt. An einem zweiten dünneren Seil läßt die Mutter den Ledersack hinunter. Nun schöpft Madina mit der Blechbüchse Wasser in den Ledersack. Nie wird die Büchse richtig voll. Madina schöpft lange. Leute, die eine Uhr besitzen, würden sagen, Madina schöpft eine halbe Stunde lang.

Eines ist gut. Madina kann Wasser trinken, so viel sie will. Das Wasser ist sandig. Madina kennt es nicht anders.

Den vollen Sack zieht die Mutter zuerst hinauf. Dann zieht sie mit der Hilfe einer Nachbarin Madina nach oben. Eine Büchse voll Wasser bringt Madina für die Mutter mit.

Sie gehen vier Stunden lang heimwärts. Die Mutter trägt den Wassersack auf dem Kopf. Nachbarinnen und Freundinnen gehen vor und hinter ihnen. Niemand spricht. In der Sonnenglut des Mittags erreichen sie die Hütte. Viel kann Madina an solch einem Tag nicht mehr tun. Die Mutter hebt den Sack vorsichtig herunter.

Die ersten zwei Büchsen Wasser bekommen die kleinen Brüder.

Schöpfung gefährden

Baum

Einsetzen (sich)

Garten

Gemeinsamkeit

Haus

Heimat

Hoffnung

Spiel

Verzweiflung

Widerstand

Zuflucht

Inhalt: *Die Kinder wollen fast verzweifeln, als sie nicht verhindern können, daß ihr liebgewordener Spielbaum auf dem unbebauten Grundstück einem Neubau zum Opfer fällt.*

Unser Baum

von Gina Ruck-Pauquèt

Die Kinder nannten das unbebaute Grundstück an der Straßenecke »Garten«. Jetzt stand das Gras so hoch, daß es Kiri bis an die Knie reichte. Aber sie war auch noch ziemlich klein. Ihr Bruder Gerd hob sie auf den untersten Ast des Baumes, dann kletterten auch Jochen und er hinauf. Hoch über Kiris Kopf hatten sie »ihre Stelle«.

Der Baum war der Mittelpunkt des Gartens. Es war eine alte Buche, ihre starken Äste standen in geringem Abstand übereinander, und ein Junge vermochte ohne weiteres bis in ihren Wipfel zu gelangen. Sie kamen alle Tage her. Auch wenn es regnete. Kiri spannte einfach den kleinen roten Schirm auf, und die Jungen hatten sich ein Dach aus Pappe zwischen die Zweige gebaut. Manchmal machten sie sogar ihre Schularbeiten da oben. Der Baum war schon prima!

Eines Tages aber stand ein Schild auf dem Eckgrundstück.

»Zu verkaufen«, las Gerd.

Sie schauten sich an. Nie wäre einer von ihnen auf den Gedanken gekommen, daß der Garten einen Besitzer habe. Dann kletterten sie auf den Baum und vergaßen es wieder.

Es war der Tag, an dem die Jungen lasen und Kiri nicht Mundharmonika spielen durfte, weil das störte. Da weinte sie ein bißchen. Aber weil sie den Arm um den dicken Baumstamm legen konnte, war es nicht so schlimm.

Eine Zeitlang geschah nichts Außergewöhnliches. Dann waren plötzlich Leute im Garten.

»Es scheint mir das richtige zu sein«, sagte der Mann im hellen Anzug. »Ich glaube, ich kaufe es.«

Die Kinder hielten sich ganz still.

»Was wird passieren?« fragte Jochen, als die Männer fort waren.

Seine Stimme klang ängstlich.

»Hoffentlich läßt er uns den Baum«, sagte Gerd.

Kiri machte sich keine Sorgen. Der Baum war groß genug. Wenn der Mann wollte, konnte er mit oben sitzen.

»Am besten sprechen wir mit ihm«, meinte Jochen.

Und dazu hatten sie schon bald Gelegenheit. Ein paar Tage später stand der Mann im Garten, als sie kamen.

»Guten Tag«, sagte Gerd.

»Hallo«, antwortete der Mann.

Er schien nachzudenken. Dann schaute er die Kinder an.

»Wir spielen immer hier«, erklärte Jochen.

»So«, meinte der Mann.

»Auf dem Baum«, fügte Gerd hinzu.

Lange Zeit schwiegen alle. Aber Kiri spürte, daß da noch etwas war. Etwas, was gesagt werden würde.

»Ja«, begann der Mann endlich, »... ich werde ein Haus bauen.«

»Wo?« fragten die Jungen.

Der Mann machte eine Handbewegung.

»Aber da steht doch der Baum!« rief Kiri.

Der Mann schien ihr ein bißchen dumm zu sein.

»Hm«, brummte der Mann, und er tippte mit der Schuhspitze gegen den rissigen Stamm. »Der Baum muß fort«, sagte er dann.

Die Jungen blieben ganz still.

»Es tut mir selber leid«, der Mann hob die Schultern und ließ sie wieder fallen.

»Wenn Sie nun ...«, begann Jochen leise und sehr höflich, »... ich meine, es ist doch so viel Platz hier. Vielleicht könnten Sie das Haus ein Stückchen weiter rechts oder links bauen.«

»Das geht nicht«, erklärte der Mann. »Es muß genau in der Linie der anderen Häuser stehen. Das ist Ge-

setz.« ... »Na ja«, fügte er noch hinzu. Er strich Kiri übers Haar, dann ging er zu seinem Auto und fuhr fort. »Denkste!« knurrte Gerd. Er steckte beide Hände tief in die Hosentaschen. »Der Baum bleibt!«
Sie kletterten hinauf zu ihrer Stelle und redeten darüber.
»Ich glaube nicht, daß er ihn so einfach umhauen darf«, meinte Gerd.
»Nee!« rief Jochen. »Mein Vater hat gesagt, es sind sowieso zuwenig Bäume in der Stadt. Darum ist auch die Luft so schlecht.«
»Ich kenne einen von der Polizei«, erklärte Gerd, »der hilft uns bestimmt!«

Kiri hörte nur mit halbem Ohr hin. Sie machte sich keine Sorgen. Das gab es nicht, daß jemand den Baum fällte! Erstens war er viel zu groß, und zweitens war er schon immer da.
»Versteh' ich nicht«, sagte Jochen am anderen Tag, als Gerd von der Polizei zurückkam.
»Na ja«, sagte Gerd, »und er hat gesagt, es tut ihm ja auch leid. Aber hier ist nun mal 'ne große Stadt, und Menschen brauchen Häuser, um darin zu leben. Da müssen die Bäume Platz machen. Früher sollen hier überhaupt lauter Wälder gewesen sein.«
»Und was jetzt?« fragte Jochen.
Gerd dachte nach. Plötzlich lachte er los.
»Mensch!« sagte Gerd. »Ganz einfach! Schließlich haben wir Ferien. Wir werden abwechselnd oben wachen. Glaubst du, daß die einen Baum fällen, wenn ein Kind darin sitzt?«
»Nee«, meinte Jochen.
Und dann lachten sie beide.
Nach zwei Tagen war es soweit. Gerd wollte eben Jochen ablösen, als der Lastwagen vorfuhr. Schnell hob Gerd Kiri auf den untersten Ast und kletterte selber hinauf. Es waren sechs Männer, die jetzt ihr Werkzeug heranschleppten.
»Na, denn komm mal 'runter!« rief ein junger Bursche Kiri zu.
»Nein«, sagte sie.
»Was heißt hier nein?« brummte einer, der ein rotes Hemd trug.
»Wir wollen nicht, daß der Baum gefällt wird!« schrie Jochen.
Und Gerd fügte hinzu: »Wir bleiben sitzen!«
Der mit dem roten Hemd wurde wütend. Die anderen lachten.
»Nun kommt schon«, sagte da der Leiter des Trupps, der ein alter Mann war. »Hat ja doch keinen Zweck.«
»Hat Zweck!« schrie Gerd. »Ihr könnt den Baum nicht umhauen, wenn wir draufsitzen!«
»Das nicht«, gab der Alte zu. »Aber wir können euch 'runterholen«, erklärte er dann.
»Pah!« machte Jochen.
»Zur Not mit der Feuerwehr.«
»Ihr dürft den Baum nicht fällen«, sagte Gerd. »Er ist schön. Und er ist der letzte hier.«
Der alte Mann zündete sich eine Zigarette an. Er nickte.
»Ich versteh euch schon«, sagte er. »Ist auch schade. Aber der Baum wird gefällt werden, und ihr könnt es nicht ändern. Ich möchte euch nicht mit Gewalt 'runterholen. Aber wenn eine Sache keinen Sinn hat, sollte man ein guter Verlierer sein. Überlegt euch das. Eine Minute Bedenkzeit.«
»Wir gehen nicht 'runter!« schrie Kiri. »Sei still«, sagte Gerd.
Und auf einmal war er neben ihr. Und es war wie alle Tage, wenn er ihr vom Baum half, weil sie nach Hause mußten. Aber es war trotzdem ganz anders.

Zuerst sperrten die Männer das Grundstück ab. Die Kinder mußten zurück bis auf den Bürgersteig. Dann hörte Kiri die Schläge der Axt. Sie schaute nicht hin. Der Baum würde nicht gefällt werden, das war klar. Irgend etwas würde geschehen.
Jochen und Gerd sahen schweigend zu, wie sich die elektrische Säge in den Baumstamm fraß. Seltsam starr standen sie nebeneinander, und man hätte meinen können, daß sie Feinde wären.
Kiri blickte auf die Straße. Die Jungen würden etwas unternehmen. Die machten das schon. Sie mußte nur ein bißchen warten.
Aber dann drehte sie sich plötzlich um. Es war der Augenblick, in dem der Baum fiel. Kiri sah, wie er sich langsam vornüberneigte. Danach war der Himmel groß und leer. Kiri blickte die Jungen an.
»Nein«, sagte sie. Und als sie keine Antwort bekam, nach einer Weile noch einmal: »Nein.«

Schöpfung gefährden

Behutsamkeit

Bewahren

Ehrfurcht

Einsetzen (sich)

Eltern

Enttäuschung

Helfen

Kinder

Leben

Mißachtung

Mitgeschöpf

Tiere

Töten

Inhalt: *Dicky versucht einer Wespe, die in Not geraten ist, zu helfen. Als sein Vater das Tier grundlos totschlägt, ist Dicky tief erschrocken.*

Warum denn, Papa?

von Gina Ruck-Pauquèt

Sie frühstücken auf der Terrasse, die Mama, der Papa und Dicky. Der Papa liest die Zeitung und raucht.
»Iß!« sagt die Mama zu Dicky.
Dicky ißt.
Die Wiese ist glattgeschoren. Eigentlich ist es gar keine Wiese. Es ist ein Rasen. Hier und da sind Gänseblümchen. Wenn der Papa das sieht, wird er ihnen die Köpfe abmähen. Es sollen keine Blumen auf dem Rasen sein. Nur Gras.
Dicky kaut. Der Strauch blüht ganz rosa. Da summen und brummen die Insekten herum.
Der Papa raschelt mit der Zeitung. Die Mama steht auf und trägt schon was in die Küche.
»Iß dein Ei«, sagt sie zu Dicky.
Dicky ißt sein Ei, Es muß schön sein, den ganzen Tag zwischen den Blüten rumzusummen. In der Sonne. Dicky muß in die Schule.
Das Ei ist ziemlich weich. Dicky mag das nicht. Er schiebt den Eierbecher von sich fort. Ein Rest von dem weichen Ei ist noch drin.
Da surrt eine Wespe heran, so eine, die wie ein Hubschrauber in der Luft stehen kann. Sie betrachtet die Sache eine Weile von oben, dann landet sie am Rand der Eierschale.
»Schau mal, Papa«, sagt Dicky.
Der Wespe schmeckt es. Sie kriecht in das Ei hinein.
»Hm«, brummt der Papa.
Er guckt aber nicht.
Die Wespe ißt das Gelbe vom Ei. Sie saugt es mit ihrem Rüsselchen auf. Die Beine hat sie sich bekleckert und die Flügel auch.
Auf einmal scheint sie satt zu sein. Da will sie fortfliegen. Sie kann aber nicht. Dicky sieht, daß sie nicht fort kann, weil ihre Flügel schwer vom Eigelb sind.
»Papa«, sagt Dicky.
»Sei mal still«, sagt der Papa. »Mußt du nicht in die Schule?«
Jetzt hat die Wespe es wieder versucht. Da ist sie vom Eirand auf das Tischtuch heruntergefallen.
»Ich helf' dir«, sagt Dicky.
Er nimmt ein Streichholz aus dem Aschenbecher und macht damit ganz vorsichtig einen Eigelbbrocken unter ihrem Flügel weg.
Nun steht die Wespe auf ihren Beinen. Sie hat sechs Beine. Dann hebt sie die Hinterbeine hoch und fängt an, damit ihre Flügel zu putzen. Sie weiß, warum sie nicht fliegen kann. Sie hat es gemerkt.
Dicky hilft auch noch ein bißchen. Nimmt mit dem Streichholz ein paar von den klebrigen Knötchen weg. Ganz behutsam muß er sein, weil die Flügel von der Wespe so zart sind.
»Den Rest mußt du jetzt selber machen«, sagt er.
Die Wespe putzt sich und putzt sich. Immer wieder streichen die Beinchen über und unter den Flügeln her. Aber ganz bringt sie das lästige Zeug nicht weg. Und starten kann sie so auch nicht. Sie versucht es, aber sie kommt nicht hoch.
Einmal fällt sie sogar wieder auf den Rücken, und Dikky muß sie auf die Beine stellen. Genau da hat Dicky den Einfall: Die Wespe muß sich mit Wasser waschen, wie andere Leute auch! Wenn er auf einen Teller einen Tropfen Wasser gibt, kann er sie hineinstellen. Und mit angefeuchteten Hinterbeinen kriegt sie ihre Flügel sicher sauber.
»Einen Augenblick«, sagt Dicky zu der Wespe. »Warte!«
Er nimmt den Teller unter dem Eierbecher fort und läuft damit in die Küche. In der Küche ist seine Mutter.
»Bist du fertig?« fragt sie Dicky.
Dicky sagt: »Gleich.«
»Was machst du denn?« will die Mutter wissen.
»Nichts«, sagt Dicky.

Er hat den Teller angefeuchtet und ist schon wieder draußen. Sein Vater hat die Zeitung ausgelesen. Er gießt sich noch einmal Kaffee ein.
Die Wespe ist fort. Die kann aber gar nicht fort sein, weil ihre Flügel noch viel zu schwer gewesen sind. Dicky schaut unter der Zeitung nach.
»Ist was?« sagt der Papa.
»Die Wespe«, sagt Dicky. »Wo ist die Wespe?«
»Die Wespe hab' ich totgeschlagen«, sagt sein Vater.
Dicky guckt ihn an.
»Warum denn, Papa?«

Inhalt: *In der Biologiestunde finden Umweltvergehen vor den Augen des Lehrers keine Gnade. Am Nachmittag beobachtet eine Schülerin, wie derselbe Lehrer mit einem dreckschleudernden uralten Auto durch die Stadt rast.*

Energie-ersparnis

Glaub-würdigkeit

Lehrer

Schüler

Umwelt-vergehen

Vorbild

Zorn

Der hat ausgespielt bei mir

von Gudrun Pausewang

Heute war erster Schultag nach den Ferien. In der dritten Stunde hatten wir den Pötschke. Der ist unser neuer Biolehrer. Er hat sich die ganze Zeit über den Qualm aufgeregt, den die Autos ausstoßen. Den vielen Qualm der vielen, vielen Autos. Und er hat sich lang und breit über die Schadstoffe ausgelassen, die in diesem Qualm drin sind. Die am Smog und den Ozonlöchern schuld sind und die Wälder umbringen und den Regen sauer machen und die Figuren an den Domen zerstören. Weg mit den Autos! hat er gesagt. Er kann gut erklären, das muß man ihm lassen, dem Pötschke. Und ich muß sagen, er hat mich überzeugt. Als ich aus der Schule heimging, hab ich die Autos mit ganz anderen Augen gesehen.
Aber heute nachmittag bin ich dem Pötschke in der Stadt begegnet. Er hat mich nicht gesehen, aber ich ihn. In seinem Wagen ist er an mir vorübergerauscht. In einem ganz großen Schlitten. Einem, der allerdings schon mindestens zehn Jahre alt ist. Der verbraucht Sprit. Und ich kann euch sagen, der hat gequalmt!
Wir haben auch ein Auto. Ein kleines nur. Ganz ohne Wagen geht's nicht, sagt Vati. Aber er hat eins angeschafft, das nur fünf Liter Sprit für hundert Kilometer braucht. Er sagt, man muß halt Kompromisse machen. Das versteh ich. Der letzte Bus von unserem Dorf bis in die Stadt, wo Vati arbeitet, fährt abends um halb sechs ab. Er muß aber oft nachts auf Arbeit. Da kann er doch kein Taxi nehmen oder per Anhalter fahren!
Wenn wir sonntags mal alle zusammen ausfahren, Vati, Mutti, Ina, Clemens und ich, da wird's eng in unserem Wagen. Aber man gewöhnt sich dran.
Der Pötschke hat keine Familie, der lebt allein. Das hat er uns erzählt.
Der hat ausgespielt bei mir. Dem glaub' ich nichts mehr.

Schöpfung bewahren

Entdeckung

Gift

Hoffnung

Kraft

Partnerschaft

Pflanzen

Regen

Rettung

Spielsituation

Wachsen

Wunder

Zerstörung

Inhalt: *Mädchen der Großstadt entdecken zwischen Steinplatten grüne Halme. Sie staunen. Als ein Mann mit chemischem Unkrautvernichtungsmittel auftaucht, retten sie das Grasbüschel.*

Auf dem Balkon soll eine Wiese wachsen

von Hanna Hanisch

Regen, Regen, Regen. Im Hochhaus fühlte man sich wie auf einem Schiff im Regenmeer. Anke hatte plötzlich Lust, durch das Meer zu schwimmen, hinüber zu einem anderen Haus, wo vielleicht auch ein Mädchen aus dem Fenster sah.

Man kann nicht von einem Hochhaus zum anderen schwimmen. Man muß mit dem Fahrstuhl nach unten fahren, ein bißchen auf dem Platz herumbummeln, und wenn man Glück hat, sitzt dort jemand im Regenmantel und wartet, daß man kommt.

Anke hatte Glück. Auf den Betonstufen zur Ladenstraße saß ein Mädchen im gelben Umhang. Es schnallte seine Rollschuhe an.

»Darfst du bei Regenwetter Rollschuh fahren?« fragte Anke.

»Ich bin auf dem Flur gefahren«, sagte das Mädchen. »Aber meine Mutter hat geschimpft. Sie hat gesagt, wir müssen ausziehen, wenn ich auf dem Flur spiele.«

Das Mädchen fuhr Kreise auf den Steinplatten. Die Rollschuhe klapperten. Dann breitete es die Arme aus und streckte das linke Bein nach hinten. Vom gelben Umhang tropfte der Regen. »Sie kann toll fahren!« dachte Anke.

Das Mädchen fuhr jetzt eine Schnecke, Bogen, die immer enger wurden. In der Mitte hockte es sich plötzlich nieder. »Komm mal her!« rief es. »Hier wächst was Schönes.« Anke bückte sich neben sie.

Zwischen den Ritzen zwängte sich Grünes hindurch. »Das ist ja Gras! Richtiges Gras!« Anke berührte es mit den Fingern. »Es ist so zart. Wie kommt es nur durch die engen Ritzen? Es muß eine Menge Kraft haben.«

»Unter den Steinen ist keine Erde, bloß Sand«, sagte das Mädchen. »Ich habe gesehen, wie die Arbeiter die Steine in Sand gelegt haben.«

»Wenn es jeden Tag regnet, wächst bestimmt noch mehr Gras«, sagte Anke. »Eine ganze Wiese. Im Fernsehen haben die Kinder immer Wiesen.«

Jetzt sahen sie, daß auch zwischen den anderen Steinen grüne Spitzen wuchsen.

Am anderen Tag schien die Sonne. Anke traf das Mädchen mit den Rollschuhen wieder. Es fuhr vorsichtig um das Grasbüschel herum. »Unser Gras ist ein Stück gewachsen«, sagte Anke. »Jeden Tag wächst es ein Stückchen mehr.«

Sie hockten sich auf die Stufen und sahen, wie sich die Sonne in einer Pfütze spiegelte. Dort hatte sich ein Stein gesenkt.

Dann kam ein Mann. Er trug einen Kanister auf dem Rücken, daran hing ein Schlauch mit einer Düse. Er besprühte den Platz.

»Was macht der Mann?« fragte Anke. Das Mädchen starrte geradeaus. »Er spritzt Gift, damit nichts Grünes wächst. Morgen ist alles gelb.«

Der Mann kam jetzt näher. Anke sprang auf und riß das grüne Büschel heraus. Es ging ganz leicht. An den Gräsern hingen fadendünne Wurzeln. Ein wenig Sand war noch daran.

»Ich bringe es auf den Balkon«, sagte Anke.

»Auf dem Balkon soll eine Wiese wachsen. Eine große, grüne Wiese.«

Inhalt: *Eva sammelt eine Kapuze voll Körner, schrotet sie und backt daraus ein goldbraunes knuspriges Brot – ihr Brot.*

Anerkennung

Arbeit

Ausdauer

Brot

Eigenleistung

Erfolg

Korn

Selbst-vertrauen

Staunen

Stolz

Eva bäckt Brot

von Gudrun Pausewang

An einem Tag im frühen Herbst kommt Eva heim. Sie trägt ihren Anorak mit ausgestreckten Armen vor sich her. »Aber Eva«, sagt die Mutter, »Warum hast du den Anorak ausgezogen? Es ist heute doch so kühl und windig!«
Sie will Eva die Jacke abnehmen.
»Nein«, ruft Eva. »Vorsicht, stoß mich nicht. Ich hab die ganze Kapuze voll Körner. Die hab ich alle vom Stoppelfeld aufgesammelt. War das eine Mühe!«
Sie trägt den Anorak in die Küche. Dort legt sie ihn behutsam auf den Tisch. Die Körner liegen in der Kapuze wie in einem Nest. Eva schüttelt die Arme. Sie sind vom Tragen ganz steif geworden, und kalt sind sie auch.
»Was hast du jetzt mit den Körnern vor?« fragt die Mutter.
»Das wirst du gleich sehen«, sagt Eva, holt sich die alte Kaffeemühle aus dem Küchenschrank und füllt Körner hinein. Dann fängt sie an zu mahlen. Es knackt und rasselt. Sie mahlt bis zum Mittagessen und danach auch noch eine Stunde. Dann hat sie alle Körner aus der Kapuze gemahlen. Die Kapuze ist leer. Dafür hat sie jetzt eine kleine Schüssel voll Mehl mit vielen Schalenstückchen darin.
»Das nennt man Schrot«, sagt die Mutter.
»Puh«, seufzt Eva und dehnt sich. »Mein Rücken tut so weh.«
»Kein Wunder«, sagt die Mutter. »Du hast ja auch schwer gearbeitet.«
»Und jetzt wird Brot gebacken«, sagt Eva.
»Warum machst du dir solche Mühe?« fragt Bruder Thomas und will sich ausschütten vor Lachen. »Wir haben doch Brot genug im Schrank.«
»Aber das ist nicht *mein* Brot«, sagt Eva. Sie schüttet das Gemahlene in eine größere Schüssel. Sie läßt sich von der Mutter ein bißchen Milch und ein Ei und ein Tütchen Backpulver geben.
»Brot macht man doch mit Sauerteig«, sagt Thomas.
»Laß sie in Ruhe«, mahnt die Mutter. »Sie macht sich eben ihr eigenes Brotrezept. Das wird sicher auch sehr gut schmecken.«
»Hab ich was vergessen?« fragt Eva.
»Wenn es ein süßes Brot werden soll«, sagt die Mutter, »fehlt noch Zucker. Ein paar Rosinen wären auch nicht schlecht.«
»O ja, Rosinen«, ruft Eva.
Die Mutter schaltet den Backherd ein. Er soll schon warm werden. Eva knetet und knetet. Sie wird vor Anstrengung ganz rot im Gesicht. Thomas grinst. Er steht mit den Händen in den Taschen da und schaut zu, wie Eva endlich eine lange, plattgedrückte Wurst auf das Backblech legt und dann das Backblech in den Backherd schiebt. Aus dem Backherd quillt Hitze. Eva verbrennt sich am Daumen. Endlich hat sie die Klappe vom Backherd wieder zu. Aufgeregt versucht sie, durch das Fenster in der Klappe auf ihr Brot zu schauen.
»Ruh dich nur aus«, sagt die Mutter. »Es dauert eine ganze Weile, bis das Brot gebacken ist.«
»*Mein* Brot« seufzt Eva erschöpft.
Sie setzt sich auf die Bank in der Eßecke und wartet. Aber sie ist vom Körnersammeln und Heimtragen und Mahlen und Mischen und Kneten und Formen so müde, daß sie einschläft.
Nach einer langen Weile hört Eva Mutters Stimme sagen: »Eva, dein Brot ist fertig.«
Die Mutter muß es ein paarmal sagen, bis Eva wach wird. Thomas zupft sie am Zopf. Da springt Eva auf, läuft zum Herd, reißt die Klappe auf. Sie spürt nicht nur die Hitze. Sie riecht auch den Duft, herrlichen Duft nach Gebackenem.
Die Mutter reicht Eva zwei Topflappen. Eva zieht das Blech heraus. Sie schreit vor Entzücken auf: Da liegt

es, ihr Brot – goldbraun und knusprig. Ein prächtiges Brot. Auch Thomas beugt sich darüber und schnuppert. Er grinst nicht mehr. Er staunt.
Zum Abendessen teilt Eva der ganzen Familie von ihrem Brot aus. Es ist ein bißchen hart. Aber keiner stört sich daran. Der Vater taucht seine Scheibe in den Tee, da wird die Kruste weicher.
»Kaum zu glauben, daß ich eine Tochter habe, die schon Brot backen kann«, sagt er.
»Ich hab's nicht nur gebacken«, sagt Eva stolz. »Ich hab's ganz und gar gemacht, mit Körnersammeln und Mahlen und allem anderen. Es war eine große Arbeit. Nur die Körner hab ich nicht gemacht. Die sind von allein gewachsen.«

Einsicht
Gehorsam
Neues Leben
Nutzen
Quelle
Segen
Sich opfern
Tod
Wasser
Zerstören

Inhalt: *Die kräftige, schöngewachsene Bambusstaude im Garten läßt sich von ihrem Herrn widerstandslos beschneiden, zerteilen und aushöhlen. Warum? Sie wird als Rinne dem dürren Feld das kostbare Wasser zukommen lassen.*

Geschichte vom Bambus

Aus China

In einem großen Garten wuchs ein Bambusbaum. Der Herr des Gartens hatte seine Freude an ihm. Von Jahr zu Jahr wurde er kräftiger und schöner. Eines Tages aber blieb der Herr vor ihm stehen und sagte: »Lieber Bambus, ich brauche dich!«
Der Baum antwortete: »Herr, ich bin bereit, gebrauche mich, wie du willst.«
Die Stimme des Herrn wurde ernst: »Um dich zu gebrauchen, muß ich dich beschneiden.«
Der Baum erzitterte: »Mich beschneiden? Deinen schönsten Baum im Garten? Nein, bitte, das nicht, bitte nicht! Verwende mich doch zu deiner Freude, Herr, aber beschneiden ...«
Der Herr sagte noch ernster: »Wenn ich dich nicht beschneide, kann ich dich nicht gebrauchen.«
Im Garten wurde es ganz still. Der Wind hielt den Atem an. Langsam beugte der Bambus seinen herrlichen Kopf und sagte leise: »Herr, wenn du mich anders nicht gebrauchen kannst, dann beschneide mich!«
Doch der Herr fuhr fort: »Mein geliebter Baum, ich werde dir auch deine Äste abschlagen!«
»Ach, Herr, davor bewahre mich. Zerstöre meine Schönheit, aber laß mir bitte die Äste!«
»Wenn ich sie dir nicht abschlage, kann ich dich nicht gebrauchen!«
Die Sonne versteckte ihr Gesicht. Ein Schmetterling flog ängstlich davon. Bis ins Mark getroffen, flüsterte der Bambus: »Herr, schlag sie ab!«
»Mein geliebter Bambus, ich muß dir noch mehr antun. Ich muß dich mitten durchschneiden und dein Herz herausnehmen. Wenn ich das nicht tue, kann ich dich nicht gebrauchen!« Da neigte sich der Bambus bis zur Erde: »Herr, schneide und teile!«
So schnitt der Herr des Gartens den Bambus, hieb seine Äste ab, streifte seine Blätter fort, teilte ihn in zwei Teile und schnitt sein Herz heraus. Dann trug er ihn mitten durch die trockenen Felder in die Nähe einer Quelle. Dort verband er durch den Bambusstamm die Quelle mit der Wasserrinne im Feld. Und das klare, glitzernde Wasser schoß durch den zerteilten Körper des Bambus in den Kanal und floß auf die dürren Felder, um eine reiche Ernte möglich zu machen.
So wurde der herrliche Bambus erst zum großen Segen, als er gebrochen und zerschlagen war.

Inhalt: *Ein Tankerunglück hat eine Ölpest ausgelöst. Ein Junge will eine ölverklebte Möwe retten. Es gelingt ihm nicht.*

Ausdauer

Einsetzen (sich)

Enttäuschung

Helfen

Hingabe

Hoffnung

Ölteppich

Skepsis

Tankerunglück

Tiere

Tod

Umwelt

Verlust

Der Junge und die Möwe

von Gudrun Pausewang

Nach einer stürmischen Nacht erwachte der Junge spät. Seine Mutter war schon zur Arbeit gegangen. Er war allein. Die Uhr tickte drüben im Wohnzimmer. Samstag. Noch waren Ferien. Er konnte aufstehen oder weiterschlafen, wie er wollte. Bis um elf war noch lange Zeit. Um elf begann der Flohmarkt auf der Promenade. Den wollte er sich anschauen. Auf Flohmärkten streunte er für sein Leben gern herum.
Er sprang aus dem Bett, wusch sich, zog sich an, trank ein paar Schluck Milch, ohne sich die Zeit zu nehmen, sie aus der Packung in ein Glas zu gießen, stopfte sich ein Brötchen in die Hosentasche, nahm sein neues Segelschiff, das er erst am vergangenen Abend fertiggebastelt hatte, und lief hinaus auf den Deich.
Es blies ein sehr kühler Wind. Der Nachtsturm hatte die Hitze des vergangenen Tages fortgeweht. Auf dem Meer tanzten noch hier und da kleine Schaumklekse. Der Strand war fast leer. Nur zwei Frauen und ein Mann standen beisammen und beugten sich über etwas, das im Sand lag. Der höchste Stand der Flut war schon vorüber. Die drei Leute schienen zu betrachten, was das Meer an den Strand geschwemmt und da zurückgelassen hatte.

Der Junge lief über die Deichböschung hinunter und über den weiten Strand auf die Leute zu. Als er sich ihnen näherte, erkannte er, was da am Boden lag: eine Möwe. Ihr Gefieder war von einer zähen, schwarzbraunen Masse verklebt.
»Öl«, sagte der Mann. »Armes Ding!«
Die Möwe lebte noch. Sie drehte den Kopf hin und her und versuchte mit den Flügeln zu schlagen. Aber das Öl war zäh, es gelangen ihr nur ein paar mühselige Bewegungen. Der Junge kauerte sich nieder, legte das Segelschiff neben sich in den Sand und schaute der Möwe in das Auge, das sie ihm zuwandte. Es war rund und dunkel.
»Da muß man doch was tun«, sagte er verstört.
»Das klebt in den Federn wie Uhu«, sagte die jüngere der beiden Frauen. »Die Möwe ist viel zu verschmutzt, als daß du sie noch retten könntest.«
»Wenn du sie wegtragen wolltest, würde sie um sich schlagen«, meinte die ältere Frau. »Du würdest über und über schmutzig werden. Ich hab's auch mal versucht. Die Ölflecken habe ich noch jetzt in der Bluse. Von deiner Mutter bekämst du was zu hören!«
»Verdammtes Öl!« sagte der Mann.
Während sich der Junge über die Möwe beugte, hörte er, wie sich die Großen über den Tanker unterhielten, der im Sturm mit einem Frachter zusammengestoßen war und nun leck weit draußen geankert hatte und ausgepumpt wurde.

Dann gingen sie weg, barfuß, die Schuhe in der Hand. Der Junge hörte noch, wie sie beschlossen, an diesem Morgen keine Strandwanderung zu unternehmen, wegen des Öls, das vielleicht mit der Flut angeschwemmt worden war. Sie stiegen auf den Deich und spazierten davon. Der Mann spähte durch ein Fernglas noch ein paarmal zu dem Jungen und der Möwe zurück.
Als der Junge sie nicht mehr sehen konnte, hob er die Möwe auf. Sie hatte Angst und schlug mit den Flügeln. Sie war so groß, daß er kaum mit ihr fertig wurde. Sie beschmierte sein Hemd, seine Hose, sogar sein Gesicht mit Öl, aber er ließ sie nicht wieder los, so sehr sie sich auch wehrte. Erschöpft gab sie auf. Während er sie nach Hause trug, spürte er ihr Herz pochen.
Er setzte sie auf den Rasen vor der Terrasse. Als sie versuchte, davonzutrippeln, fiel sie um. Hastig holte er das grüne Plastikwännchen aus dem Keller, füllte es unter dem Badewannenhahn mit lauwarmem Wasser, spritzte ein paar Tropfen Spülmittel hinein und trug es hinaus zur Möwe.

Die wehrte sich nur noch schwach, als er sie aufhob und in das Wasser setzte. Vergeblich versuchte er, ihr mit den Fingern das Öl aus dem Gefieder zu waschen. Da holte er Nagelbürste und Seife aus dem Badezimmer, seifte sie ein und bürstete sie vorsichtig ab. Seife und Bürste wurden schwarz, die Möwe blieb es auch. Schlapp lag sie in seinen Armen, als er sie aus dem Wännchen hob und mit dem neuen Handtuch abtrocknete, das seine Mutter zum Geburtstag von Tante Ute geschenkt bekommen hatte. Aber für die Möwe war nichts zu schade, und es blieb dem Jungen auch keine Zeit zu überlegen, was seine Mutter zu dem verschmutzten Handtuch sagen würde.
»Erhol dich jetzt, Möwe!« sagte er und setzte sie auf den Rasen.
Er nahm sein Brötchen aus der Hosentasche, lief damit in die Küche, zerriß es in kleine Stücke. Die legte er auf einen Nachtischteller und goß Milch darüber. Den Teller schob er der Möwe unter den Schnabel. Aber sie lag mit ausgebreiteten Flügeln im Gras und rührte sich kaum mehr. Nur ihre Füße zuckten noch.
»Iß, Möwe!« sagte er leise. »Du mußt doch leben.«
Er hob ihren Kopf und streichelte ihn behutsam mit der Fingerspitze.
»Möwe«, flüsterte er, »bitte stirb nicht!«

Da rief jemand vom Deich herüber. Es war der Mann mit dem Fernglas, und die beiden Frauen standen neben ihm.
»Tatsächlich, er hat sie heraufgeholt«, hörte der Junge die eine Frau sagen.
»Hör mal«, rief ihm der Mann zu, »du hast dein Segelschiff am Strand vergessen. Ich hab's mit dem Fernglas entdeckt. Wenn du's nicht bald holst, holt sich's jemand anderer.«
Der Junge erschrak. Das Segelschiff hatte er ganz vergessen. Sein schönes Schiff! Hastig bettete er den Kopf der Möwe auf eine Ecke des Handtuchs und lief die Deichböschung hinauf. Die drei Leute schauten ihm zu, wie er zum Strand hinunterrannte, sein Segelschiff holte und keuchend auf den Deich zurückkehrte.

Na, was macht sie, deine Möwe?« fragte die jüngere Frau.
»Sie lebt«, antwortete der Junge.
»Verlaß dich drauf, sie wird eingehen«, sagte der Mann. »Das überleben die nicht.«
»Ich hab sie gewaschen«, sagte der Junge.
»Doch nicht etwa mit Seife?« fragte die ältere Frau. »Weißt du nicht, daß die Federn von Schwimmvögeln von Natur aus eingefettet sind? Seife löst das Fett. Dann geht das Tier unter.«
Der Junge sah die Frau bestürzt an. Die jüngere Frau warf der älteren einen vorwurfsvollen Blick zu.
»Ach, Kind«, sagte der Mann, »deine Möwe ist nicht die einzige, die's erwischt hat. Dort hinten liegt mindestens noch ein Dutzend.«
»Warum sagst du ihm das!« fuhr ihn die jüngere Frau zornig an.
»Also dann auf Wiedersehen, Kind«, sagte der Mann. »Mit Seife oder ohne, deine Möwe ist verloren. Nimm's nicht zu tragisch. So ist das Leben nun einmal. Am besten, man schaut weg.«
Damit ging der Mann weiter, und die zwei Frauen lächelten, nickten und folgten ihm. Der Junge lief zum Haus hinunter und beugte sich über die Möwe. Sie war tot.

Inhalt: *In dem armseligen Dorf auf der kahlen Hochebene gibt es nur magere Ernten. Anna träumt von einem Garten, der wie das Paradies ist. Sie beginnt ihren Traum zu verwirklichen.*

Dritte Welt

Fruchtbarkeit

Garten

Handeln

Hoffnung

Liebe

Paradies

Schönheit

Sehnsucht

Solidarität

Traum

Wasser

Der Garten

von Mechthild Theiss

Anna lebte in einem armseligen Dorf auf der Hochebene. Die Häuser waren aus Lehm gebaut und lagen eng beisammen, um sich gegenseitig vor Sonne und Wind zu schützen. Die Menschen bemühten sich, ihre Felder zu bestellen, doch die Arbeit war mühsam und die Ernte gering, denn es gab wenig Wasser, und das Land war Sonne und Wind schutzlos preisgegeben.
Eines Nachts hatte Anna einen seltsamen Traum. Ein junger Mann, in dem sie einen Engel erkannte, rief ihr zu: »Komm mit!« und ging ihr voraus. Sie wanderten einige Zeit und kamen schließlich an eine hohe Mauer, die aus Lehm gebaut war und eine riesige Fläche im Viereck umgab. Der Engel legte eine Leiter an, und sie stiegen hinauf. Oben war die Mauer so breit, daß sie bequem darauf gehen konnten. Wie staunte Anna, als sie unter sich einen wunderschönen Garten sah.

Da wuchsen die verschiedensten Bäume. Einige hatten dichte Kronen, in denen bunte Vögel herumflatterten und zwitscherten; andere trugen Früchte, die Anna noch nie gesehen hatte. Das Laub der Bäume leuchtete in den verschiedensten Farben. Der Garten wirkte schattig und angenehm kühl. Zwischen den Bäumen breitete sich eine Wiese aus, auf der kleinere Blütenbüsche standen, dann gab es auch Beete, gefüllt mit Blumen aller Arten und Farben. Die ganze Luft war von einem feinen Duft erfüllt.
Anna schaute und konnte sich nicht sattsehen. Da führte der Engel sie ein Stück weiter auf der Mauer und zeigte ihr die Mitte des Gartens. Dort stieg Wasser in einem Springbrunnen in die Höhe und ergoß sich in ein großes Becken. Von da aus verteilte es sich in vier Bäche, die nach allen vier Seiten hin den Garten durchflossen. Anna bekam große Lust, von der Mauer zu hüpfen und ihre Arme in dieses Wasser zu tauchen. Wasser, das war etwas, das ihnen im Dorf immer fehlte. Und hier gab es sprudelndes Wasser in großer Menge! Aber der Engel hielt sie zurück:
»Du kannst nicht in den Garten«, sagte er, »aber sieh weiter!«
Nun erst gewahrte Anna die Menschen, die sich dort unten aufhielten. Unter einem Baum saß eine Gruppe von Leuten, die miteinander sangen. Einige begleiteten die Lieder auf Musikinstrumenten, andere tanzten. An einer anderen Stelle waren zwei Jungen dabei, eine Brücke über einen der Bäche zu bauen. Sie halfen sich gegenseitig, zuweilen hielten sie inne und überlegten miteinander, bevor sie weiterbauten. Nun erblickte Anna eine Gruppe von Menschen, die im Garten auf und ab gingen und sich lebhaft unterhielten. Wenn einer sprach, hörten die anderen zu. Es waren ältere und jüngere Menschen, und Anna hatte das Gefühl, daß jeder vom anderen lernen wollte.
In einer abgelegenen Ecke des Gartens saßen sich ein Mann und eine Frau unter einem blühenden Kirschbaum gegenüber. Sie hielten sich an der Hand und schauten sich glücklich an. In der Nähe des Brunnens las ein Vater seinem Kind aus einem Buch etwas vor. Er hatte den Arm um das Kind gelegt, hielt beim Lesen immer wieder inne und erklärte ihm etwas.
Zuletzt richtete Anna ihren Blick auf eine dichte Rosenhecke. In ihrem Schatten wiegte eine Mutter ihr Kind auf den Armen.
»Ach, laß mich doch in den Garten hinunter«, bat Anna den Engel.
»Dies ist der Garten des Paradieses«, antwortete er, »ein Ort, an dem alle in Liebe beieinanderwohnen. Du kannst jetzt noch nicht hinein. Aber du kannst versuchen, ein wenig davon auf Erden zu verwirklichen.«
Darauf wurde es um Anna dunkel, und der Engel war verschwunden.

Schöpfung bewahren

Als Anna erwachte, war sie sehr traurig. Sie lag auf ihrer Strohmatte, draußen heulte der Wind, der das Land austrocknete und die Regenwolken vertrieb, auf die sie so sehr warteten. Warum hatte sie nicht in diesem herrlichen Garten bleiben dürfen? Hatte sie hineinschauen sollen, damit ihr Herz immer vor Heimweh danach brannte? Oder gab es noch einen Grund?
Später trat Anna auf die Gasse, und wie immer scharten sich die Kinder des Dorfes um sie.
»Kommt mit«, sagte sie, »wir wollen gemeinsam einen Garten pflanzen.«
Während sie am Rand des Dorfes den trockenen Boden umgruben, mühsam wässerten und kleine, dürftige Pflanzen einsetzten, erzählte Anna von dem Garten, den sie im Traum gesehen hatte.
»So schön wird unser Garten nie werden«, seufzte sie, »aber ein wenig soll er ihm ähneln.«
Und sie freute sich, als sie sah, wie Tom und Paulo gemeinsam die Gießkanne schleppten und wie Maria dem weinenden Jan tröstend übers Haar strich und ihm eine Träne abwischte.

Für die Schöpfung danken

Feiern

Fest

Früchte

Gaben

Opfer

Teilen

Inhalt: *Jakob legt einen rotgelben Apfel auf den Erntedankaltar. Toni hat nichts. Da teilt Jakob den Apfel in eine rote und eine gelbe Hälfte.*

Das Erntedankfest

von Lene Mayer-Skumanz

Jakob mag Feste. Wenn in der Kirche ein Fest gefeiert wird, geht er immer hin.
Für das Erntedankfest sucht er zu Hause den schönsten Apfel aus. Er reibt ihn, bis er glänzt. Die eine Apfelhälfte glänzt rot, die andere gelb. Jakob läuft das Wasser im Mund zusammen, wenn er den Apfel anschaut.
Alles, was die Kinder an diesem Tag in die Kirche bringen, wird nach dem Fest ins Kinderkrankenhaus getragen.
Die Kinder legen ihre Gaben auf den Altar: Weintrauben, Birnen, Orangen. Susi hat sogar einen Kuchen gebacken.
»Toni«, sagt Jakob. »Warum schaust du so drein?«
»Ich bin traurig«, sagt Toni, »weil ich nichts hab'. Meine kleinen Brüder haben alles aufgegessen.«
»Schau meinen Apfel an«, sagt Jakob. »Für einen allein ist er fast zu groß. Ich teile ihn mit dir.«
Jakob und Toni steigen die Stufen zum Altar hinauf. Sie legen ihren Apfel vor das Kreuz.
»Die gelbe Hälfte ist von mir«, sagt Jakob.
»Die rote von mir«, sagt Toni.

Wasser

Leben

Allerlei vom Wasser

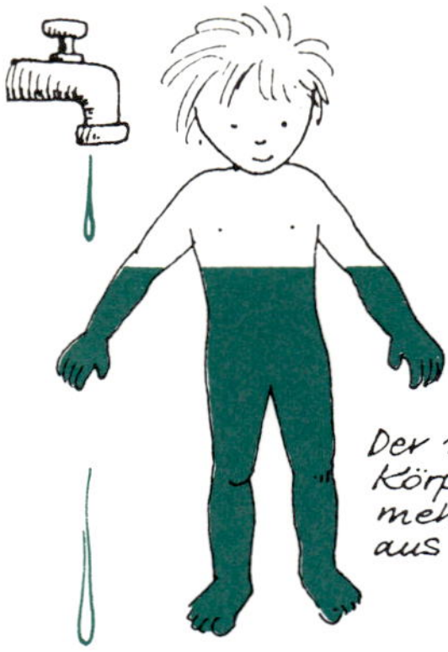

Experiment Nr. 1

Stelle eine Blume mit weißer Blüte (z.B. Alpenveilchen, Nelke, Tulpe, Dahlie) in ein enges hohes Gefäß mit wasserverdünnter Tinte (oder einer anderen leicht löslichen Farbe). Schneide den Blumenstengel unmittelbar vor dem Eintauchen schräg an. Warte ein Weilchen – was geschieht?

Experiment Nr. 2

Wieviel Wasser paßt auf eine 10-Pfennig-Münze? Probiere es aus! Tauche einen Trinkhalm in ein Wasserglas und verschließe das obere Ende mit dem Zeigefinger. So bleibt das Wasser im Halm hängen. Lockere nun den Finger vorsichtig und lasse das Wasser auf die Münze tropfen. Was passiert?

Betrachte die Zeichnungen! Was alles gäbe es ohne Wasser nicht? Kreuze es an!

Stelle die Buchstaben in den Bildern in der Zahlenfolge 1–14 zu drei Wörtern zusammen und schreibe sie in die Kästchen →

Ein Wasserhahn tropft … Na und? Wenn alle 3 Sekunden ein Tropfen fällt, werden im Monat rund 170 Liter Trinkwasser vergeudet …

Wasser als Lebenselement erfahren. Welche Verpflichtung ergibt sich daraus für die Menschen?

Schöpfung wahrnehmen / bestaunen

Wasser

Leben

Kraft

Lebendiges Wasser schöpfen

Was kann man mit Wasser machen? Im Gespräch entwickeln und rund um die Zeichnung schreiben.

Als Gemeinschaftsarbeit: Die Kinder schreiben auf die Regentropfen, wer alles auf der Erde Wasser braucht.

Schneide aus kräftiger Pappe eine große Wolke aus. Beklebe sie von beiden Seiten mit Tonpapier. Schneide nun aus Tonpapier ca. 20 Regentropfen in verschiedenen Größen aus und befestige sie mit Nadel und hellem Nähfaden an der Unterkante der Wolke. Wähle verschiedene Farben aus (z.B. grau für die Wolke, weiß und hellblau für die Regentropfen – oder Wolke hellblau, Tropfen dunkelblau und weiß). Befestige dein Mobilé an zwei Punkten an der Decke.

Schöpfung wahrnehmen / bestaunen

Regenbogen

Licht

Farben

Sonne

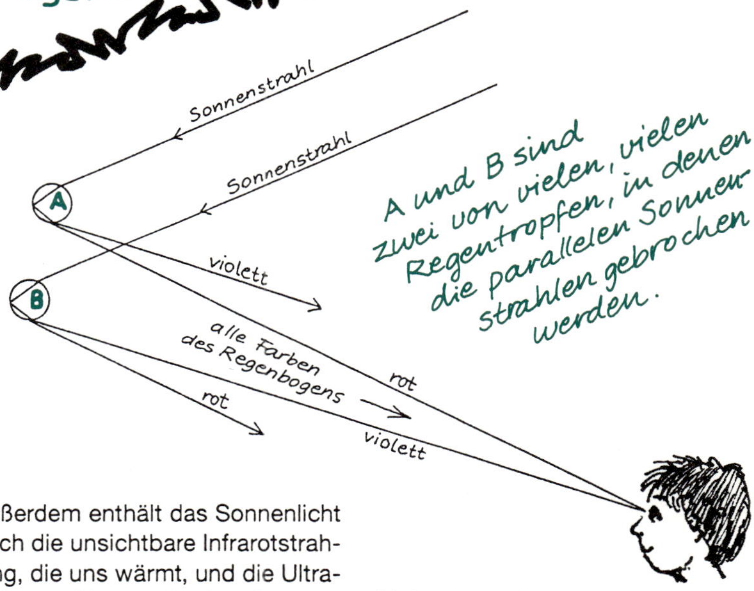

Wenn nach einem Regen hinter mir die Sonne hervorbricht, sehe ich oft einen bunten Regenbogen. Es ist ein Kreisbogen, dessen Mittelpunkt ich mir im Schatten meines Kopfes denken kann. Ein anderer Mensch, der zur selben Zeit einen Regenbogen beobachtet, sieht einen anderen.

Die Farben des Regenbogens sind immer gleich. Von außen nach innen sehen wir: **R**ot, **O**range, **G**elb, **G**rün, **B**lau, **I**ndigo und **V**iolett.

Manchmal erscheint über dem Regenbogen noch ein blasser Nebenregenbogen. Die Reihenfolge seiner Farben ist umgekehrt.

Diese Farben heißen Spektralfarben. Aus ihnen ist das Sonnenlicht zusammengesetzt.

Außerdem enthält das Sonnenlicht noch die unsichtbare Infrarotstrahlung, die uns wärmt, und die Ultraviolettstrahlung, die den Sonnenbrand verursacht.

Beim Eintritt aus Luft in Glas oder Wasser wird Licht gebrochen, das violette Licht stärker als das rote Licht. Darum können Wassertropfen die Farben trennen, die sich sonst zum Farbeindruck Weiß mischen.

Regenbogen

Frieden

Folge der Linie von Buchstabe zu Buchstabe und schreibe den gefundenen Satz hier auf:

. . . . — . . . .

Schöpfung wahrnehmen / bestaunen

Beim farbigen Ausgestalten des Bildes entdecken die Kinder die Vielfalt der Natur.
(Größtmögliche Vergrößerung beim Kopieren wählen)

Wir spielen Baum

Stell' dir vor, dein Körper ist ein Baum!

Die Beine sind der Stamm. Breitbeinig, also Beine auseinander, wenn du ein dicker Baum sein willst! Wenn du ein junger Baum sein willst, der sich im Winde leicht bewegt, dann die Beine dicht am Körper.

Die Arme streckst du rechts und links vom Kopf aus – sie sind die Zweige und Äste, die Finger das Laub und die Blätter.

Entscheide dich, ob du nun ein dicker oder ein dünner Baum sein willst.

Wir spielen jetzt Bäume im Wind,
Bäume im Sturm,
Bäume im Regen usw.

Einer gibt das Kommando!

Die Geräusche machen wir alle mit dem Mund.
Zuerst ein kleines mildes Lüftchen:

Zischen zwischen den Zähnen, die Bäume stehen noch unbewegt.

Dann Wind, starker Wind,
Sturm,
Orkan:

Die jungen Bäume bewegen sich heftiger im Sturm als die dicken (breitbeinigen). Auch Äste (Arme) bewegen sich stärker.

Manchmal brechen auch Bäume im Sturm um und werden entwurzelt.

Wieviele Blätter kannst du hier finden? Weißt du auch, von welchen Bäumen sie stammen?

SCHAU GENAU

Nur 2 Blattformen sind genau gleich. Welche sind es? Wenn du Lust hast, kannst du die Blätter mit Farbstiften in buntes Herbstlaub verwandeln!

Für die Gruppe: Baumbild
Bei einem gemeinsamen Spaziergang sammeln die Kinder möglichst unterschiedliche Baumblätter und pressen sie anschließend. Dann auf einem Stück Tapetenbahn oder ähnlichem mit Deckfarben Stamm und Äste eines Baumes aufmalen und die gepreßten Blätter an die Äste kleben.

Schöpfung wahrnehmen / bestaunen

Baum

Pflanze

Blätter

Sammle zuerst verschiedene frische Blätter. Sie sollten unbeschädigt und nicht zu groß sein. Rosen- und Lindenblätter eignen sich gut, probiere aber auch andere Blattsorten aus! Wasche die Blätter vorsichtig und tupfe sie mit Küchenpapier trocken.

Je nach Menge der Blätter, die du herstellen willst, brauchst du eine halbe bis ganze Tafel Milchschokolade. Brich sie in Stücke, fülle die Stücke in eine Tasse und stelle die Tasse in eine Pfanne mit heißem Wasser (= Wasserbad). Warte, bis die Schokolade ganz geschmolzen ist. Ziehe nun jedes Blatt mehrmals mit der Rückseite über die flüssige Schokolade, bis die Seite ganz davon bedeckt ist. Lege die Blätter auf einen Teller und lasse sie im Kühlschrank fest werden. Ziehe dann die Naturblätter vorsichtig ab. Jede einzelne Ader hat sich in der Schokolade abgedrückt!

Rezept für Kuchen- oder Nachtischdekoration oder einfach so zum Naschen. Die Herstellung bereitet Kindern viel Spaß!

Das Rätsel kann als Einstieg für die Beschäftigung mit Bäumen dienen und von den Kindern beliebig erweitert werden (z.B. auch: Welcher Baum trägt welche Früchte?)

Schöpfung gefährden

Verantwortung

Umwelt-
bewußtsein

Konsum-
verhalten

Das fertige Bild kann auch als Ausgangspunkt für ein Plakat genutzt werden, z.B. für eine Müllsammel-aktion oder andere Aktionen zum Thema Müll.

PUZZLE:
Die einzelnen Bildteile *randlos* ausschneiden und, richtig zusammengestellt, auf ein DIN A 4-Blatt kleben.

Schöpfung gefährden

Verantwortung

Umweltschutz

Konsum-
verhalten

Stellt einmal zu Hause einen großen Karton auf und sammelt darin ALLE Verpackungen, die in eurem Haushalt anfallen. Ihr werdet staunen, was in ein paar Tagen so alles zusammenkommt. Wieviel davon ließe sich vermeiden oder wiederverwenden?

MÜLL VERMEIDEN – wie denn?

X Zum Beispiel in deiner Schultasche:

- Benutze grundsätzlich Recycling-Papier bei Heften, Blöcken, Schnellheftern usw.
- Heft- und Buchumschläge aus Papier statt Plastik
- unlackierte Buntstifte und Wachsmalstifte statt Filzschreiber
- statt Tintenkillern: Fehler einfach durchstreichen
- fürs Pausenbrot: Brotdose statt Alufolie, Nachfüllflasche statt Getränkepäckchen

X Zum Beispiel beim Einkaufen:

Du kannst darauf achten, möglichst unverpackte Waren zu kaufen oder solche, deren Verpackung sich recyclen läßt oder schon einmal recyclet ist, z.B. Pfandflaschen statt Aludosen und Getränkekartons.

X Welche Möglichkeiten fallen DIR noch ein?

N.cht v.rg.ss.n:
.mw.ltw.ss.n w.rd
.rst d.nn z.m
.mw.ltsch.tz,
w.nn m.n .s
.n d.. T.t
.ms.tzt!

Ergänze die fehlenden Vokale im Text:
aaa • eeeee eeeeee •
iiiii • UUuuu

Am Beispiel Müllvermeidung läßt sich demonstrieren, wie jeder einzelne, auch ein Kind, aktive Verantwortung für die Umwelt übernehmen kann.

Schöpfung gefährden

Baum

Pflanze

Biotop

Miteinander

WAS GIBT UNS DER BAUM? WAS BRAUCHT ER?

Schreibe es in die Blätter!

Im Vorgespräch entwickeln: Der Baum gibt uns Holz, Schatten, Früchte, Sauerstoff zum Atmen, Schutz vor dem Wind. Er gibt Wohnung und Nahrung für viele Tiere und mit seinen Wurzeln der Erde Halt … Er braucht sauberes Wasser, saubere Luft, Licht und Platz zum Wachsen …

Gemeinsam überlegen: Was geben uns Bäume noch? Wie können wir Bäumen helfen?

Schöpfung gefährden

Leben

Einsetzen (sich)

Helfen

Tiere

Pflanzen

Mißachtung

Gemeinsam über die entdeckten Umweltsünden sprechen und nach möglichen umweltfreundlichen Alternativen suchen.

Schöpfung gefährden

Werbung

Verzicht

Werbung weckt Wünsche!
Im Gespräch Konsumverhalten und sich daraus ergebende Konsequenzen erörtern.
Die Kinder können dazu auch eigene Comics entwickeln.

Schöpfung behüten / bewahren

Garten

Tiere

Pflanzen

Insekten

Leben

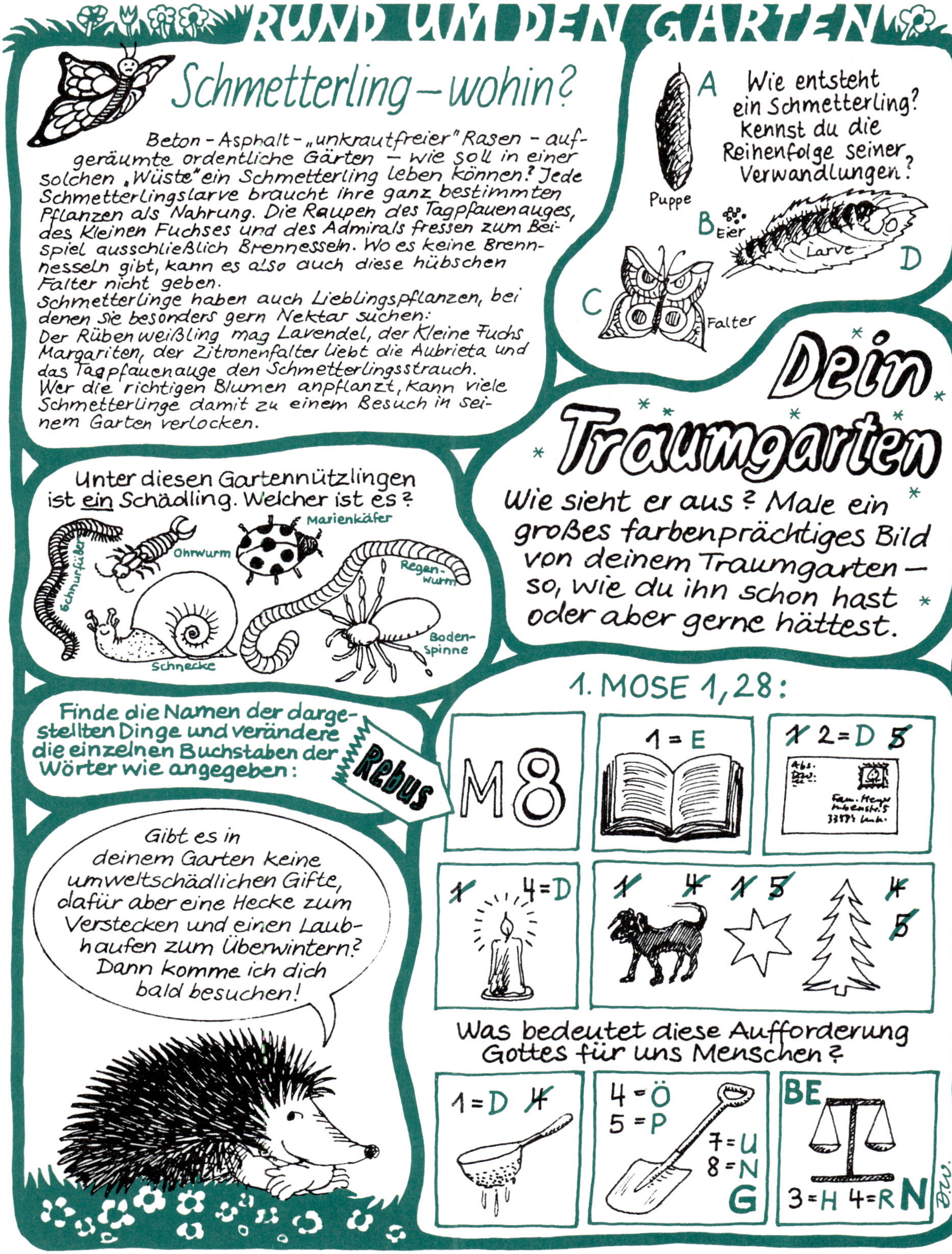

Umweltschutz fängt vor der eigenen Haustür an. In Vorgärten und Garten können wir viel tun!

Baum

Pflanzen

Geduld

Einen Baum pflanzen – das kannst DU auch!

Du brauchst dazu eine Kastanie, die bis zum Februar kühl und nicht zu trocken überwintert hat. Fülle einen Blumentopf mit einer Mischung aus Humus und Sand, lege die Kastanie hinein und stelle den Topf aufs Fensterbrett. Nun mußt du ab und zu gießen (nicht zuviel!) und warten, bis sich die ersten Blätter zeigen (siehe Zeichnungen).
Im Herbst bildet sich an der Spitze eine klebrige Knospe. Aus ihr sprießen im Frühling die neuen Blätter. Wenn das zweite Blattpaar gewachsen ist, brauchen die Wurzeln mehr Platz. Dann mußt du dein Bäumchen ins Freiland auspflanzen.

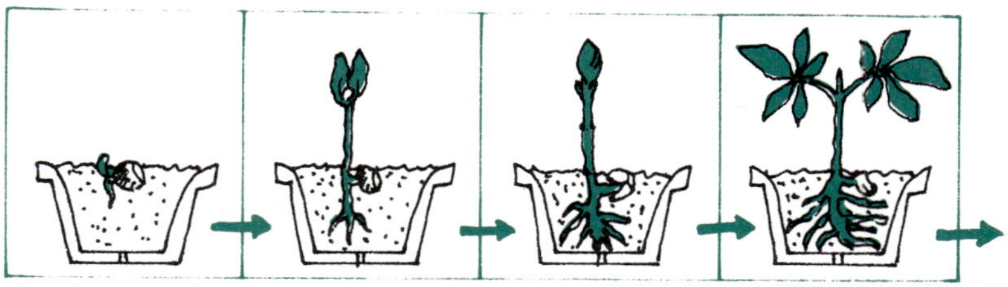

Übrigens: Auch aus den Samen anderer Bäume – Eicheln, Ahornsamen, Bucheckern und Obstkerne – kannst du kleine Baumkinder heranziehen!

Insekten

Tiere

Leben

Was klein ist, wird leicht übersehen

So geht es den vielen Käfern, Spinnen, Ameisen, Bienen, Fliegen, Würmern ..... Wir Menschen fühlen uns oft von ihnen belästigt, dabei könnten wir ohne sie gar nicht leben. Welche wichtige Rolle sie im Naturgeschehen spielen, verrät dir das Rätsel:

Finde die Namen der dargestellten Dinge und verändere die einzelnen Buchstaben der Wörter wie angegeben. Schreibe den gefundenen Satz in die Lösungszeile.

Deshalb: Laß sie leben!

Schöpfung behüten / bewahren

Garten

Naturgeschehen

Biotop

Tiere

Pflanzen

Leben

BILDBETRACHTUNG:
Die Kinder schreiben ihre Gedanken zu den dargestellten Situationen auf. (Vielleicht gelingt es ihnen, eine kleine Geschichte daraus zu entwickeln?)
Anschließend im gemeinsamen Gespräch erörtern, welche Eingriffe ins Naturgeschehen wünschenswert sind und welche nicht.

Tierschutz

Tiere

Helfen

AKTIVER VOGELSCHUTZ

FLUG BILDER

Große Fensterscheiben (z. B. von Terrassentüren) können für Vögel eine tödliche Falle sein. Oft erkennen sie diese spiegelnden Flächen nicht und prallen dagegen.
Du kannst ihnen helfen, wenn du Flugbilder auf solche Scheiben klebst.
Übertrage die abgebildeten Beispiele in einer Flügelspannweite von 25–30 cm auf schwarze Selbstklebefolie und schneide sie sauber aus. Klebe sie von <u>außen</u> auf die Scheiben.

Hängebett für OHRWÜRMER

Wir tun was für die Umwelt

Der Ohrwurm kriecht trotz seines irreführenden Namens ganz bestimmt nicht in Ohren, denn dort findet er seine bevorzugte Nahrung auf keinen Fall: faules Obst und Blattläuse! Ohrwürmer gehen nachts auf die Jagd und ruhen sich tagsüber aus. Du kannst diesen fleißigen Schädlingsvertilgern ein Bett zum Ausruhen bauen:
Fülle einen Ton-Blumentopf mit Holzwolle und halte sie durch ein Stöckchen fest. Binde eine kurze Schnur an das Stöckchen, stecke diese durch das Loch im Boden des Blumentopfes und befestige sie an einem Ast oder einer Wand. (siehe Zeichnung). Das Stöckchen muß Kontakt zum Baum oder zur Wand haben, damit die Ohrwürmer ihr Bett auch finden können.

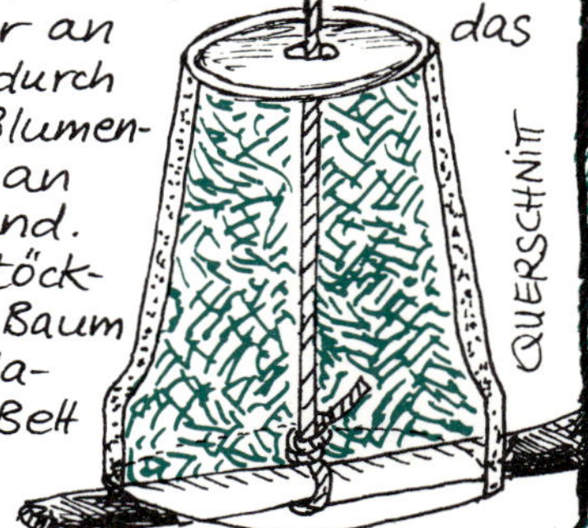

NiSTKASTEN BAUEN:

Der Lebensraum der Vögel wird kleiner. Sie finden immer weniger Platz zum ungestörten Brüten und zur Aufzucht ihrer Jungen. Du kannst ihnen helfen! Bitte aber beim Bau des Nistkastens einen Erwachsenen oder ein älteres Kind um Mithilfe!

<u>SO WIRD'S GEMACHT:</u> Du brauchst dazu ein Brett von ungefähr 1,30 m Länge, 15 cm Breite und 2 cm Dicke. Säge es wie unten angegeben auseinander. Die Zeichnung zeigt dir, wie der Kasten zusammengenagelt werden soll. Die gestrichelte Linie an der Rückwand zeigt an, wo das Dach angesetzt wird. Das Einflugloch darf nicht größer als 3 cm Ø sein, damit keine Spatzen hineinkönnen. Risse oder rauhe Kanten machen den Vögeln nichts aus.
Hänge den fertigen Nistkasten an eine katzensichere Stelle, aber nicht in die volle Sonne, sonst wird es drinnen zu heiß. Hat ein Vogelpaar Einzug gehalten, mußt du den Nistkasten vollkommen in Ruhe lassen, sonst fühlen sich seine Bewohner nicht sicher darin. Erst wenn die Jungen flügge sind und das Nest verlassen ist, darfst du es entfernen.

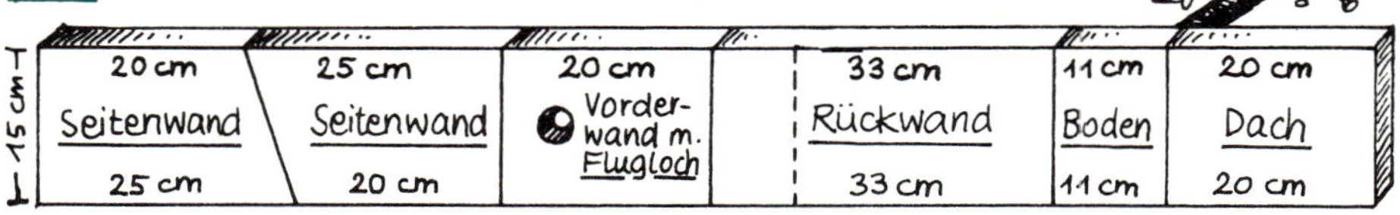

Schöpfung behüten / bewahren

Tierschutz

Tiere

Einsetzen (sich)

Konsumverhalten

Im Klassenzimmer, Gruppenraum oder zu Hause eine UMWELT-PINWAND einrichten. Jeder kann dort seine Vorschläge, Ideen und Informationen aufhängen.

In einem festgelegten Turnus, z.B. alle 2 Wochen, gemeinsam die aktuellen Aushänge besprechen und nach Möglichkeit in die Tat umsetzen.

Für die Schöpfung danken

Erntedank

Feiern

Früchte

Vergrößert, auf Karton geklebt und mit Deckfarben farbig ausgestaltet auch als Wandbild möglich (z.B. als Gruppenarbeit).

Für die Schöpfung danken

Früchte

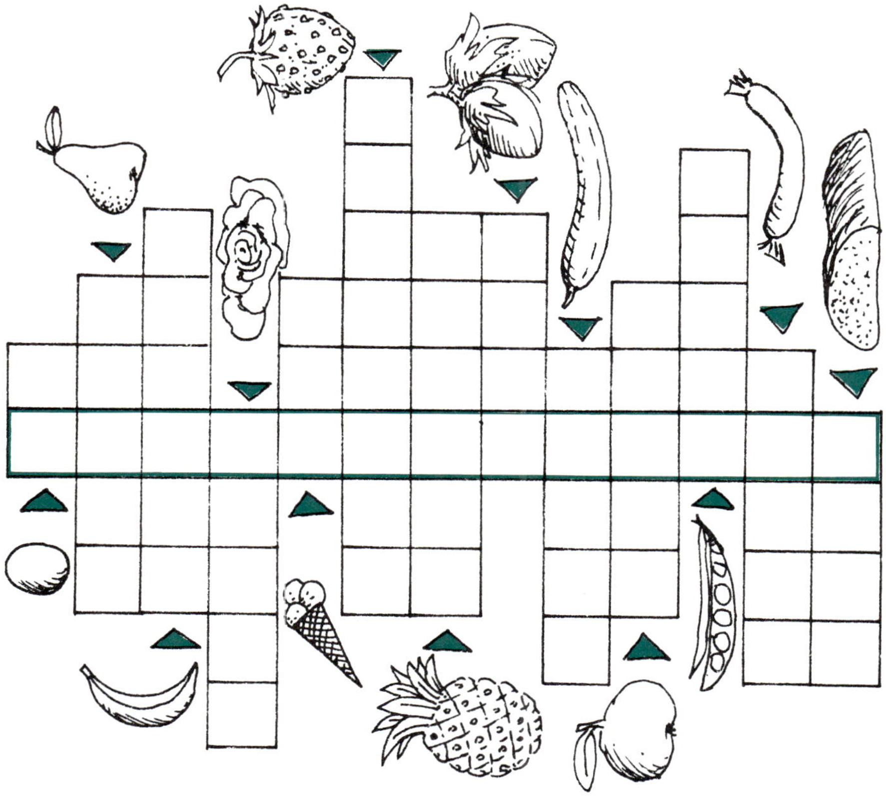

Wie danken wir Gott für seine Gaben?

Wir feiern . . . . !

Das gesuchte Wort steht in der senkrechten Spalte, wenn du die Namen der dargestellten Lebensmittel waagrecht von links nach rechts eingetragen hast.

Solidarität

Verzichten

Teilen

Aus einem leeren Getränkekarton beliebiger Größe könnt ihr dieses **ERNTEDANK-VERZICHT-SPARSCHWEIN** basteln.
Schreibt und malt auf das Schwein, auf was ihr zu Erntedank verzichten wollt und füllt es mit dem dadurch gesparten Geldbetrag.
Spendet euer Schwein samt Inhalt für die Hungernden der Welt.

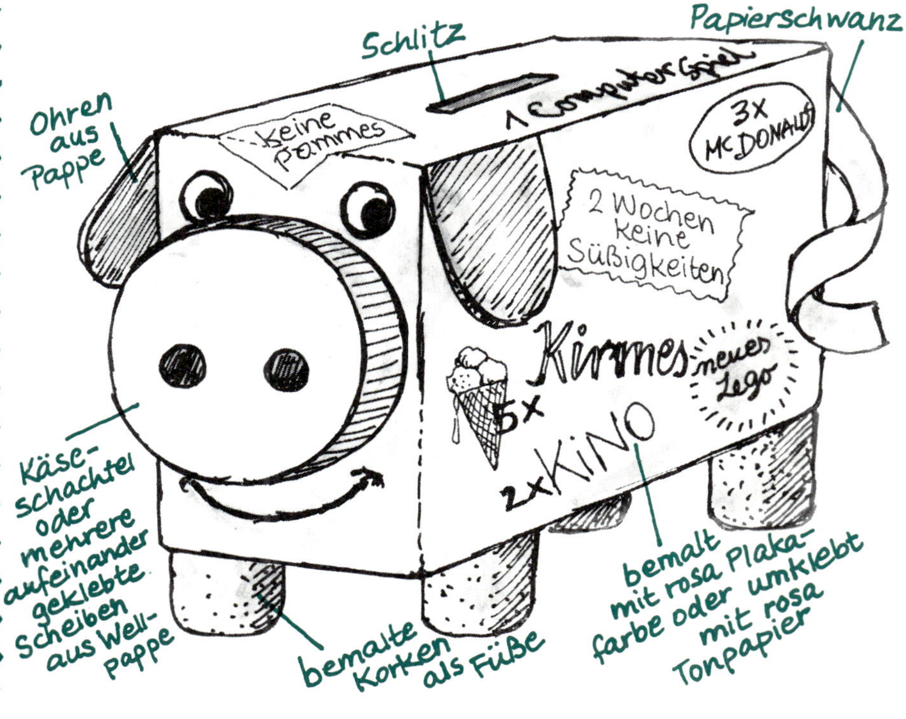

Für die Schöpfung danken

Beten

Danke, Gott,
für die Ähren,
schwer von Körnern.
Jch habe Brot zu essen.
Danke, Gott, für Gemüse und
Kartoffeln auf unserem
Mittagstisch.
Danke, Gott,
für die Birne am Baum.
Sie schmeckt so süß.
Danke, Gott, für die Rose,
für ihr leuchtendes Rot
und ihren Duft.
Danke, Gott,
für deine gute Erde.
Alles läßt du wachsen
so wunderbar.

D. Steinwede

Teilen

Nach der Erntedankfeier die mitgebrachten Gaben gerecht teilen oder eine gemeinsame Mahlzeit daraus zubereiten.

Für die Schöpfung danken

Brot

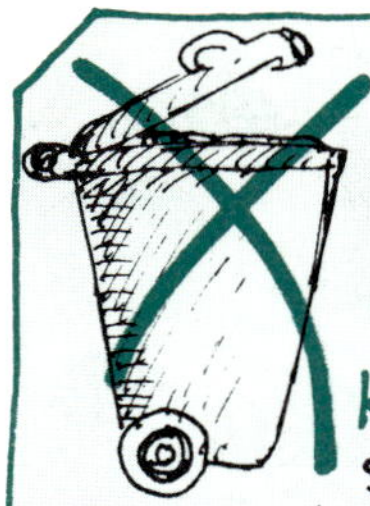

Altes Brot in die Mülltonne? Nie mehr!

3 Rezepte für altbackenes Brot:

Kartäuser-Klöße sind eigentlich gar keine Klöße: 3 altbackene Brötchen auf einer Reibe ringsherum abreiben und die braunen Brösel auf einen Teller geben. Die nackten Brötchen in knapp fingerdicke Scheiben schneiden. 1/4 l Milch mit 1 Ei und 1 El Zucker verquirlen und die Brötchenscheiben darin einweichen (einmal wenden). Jede Scheibe in den aufbewahrten Bröseln wenden und in einer Pfanne mit wenig Fett auf beiden Seiten goldgelb ausbacken. Mit Zimt und Zucker bestreuen - fertig!

Arme Ritter Altbackene braune und weiße Brotscheiben in Milch einweichen, durch nicht zu dünnen Pfannkuchenteig ziehen und in einer Pfanne ausbacken.

Pafesen heißen die armen Ritter, wenn die eingeweichten Brotscheiben „gefüllt" werden: zwei Scheiben mit Pflaumen-, Hagebutten- oder Apfelmus bestreichen, zusammenklappen, durch Pfannkuchenteig ziehen und ausbacken.

Guten Appetit!

Vielleicht ist es möglich, diese Rezepte mit den Kindern auszuprobieren (z.B. in der Schulküche)?

Reichtum

Teilen

Hunger

Zahlen-Rätsel

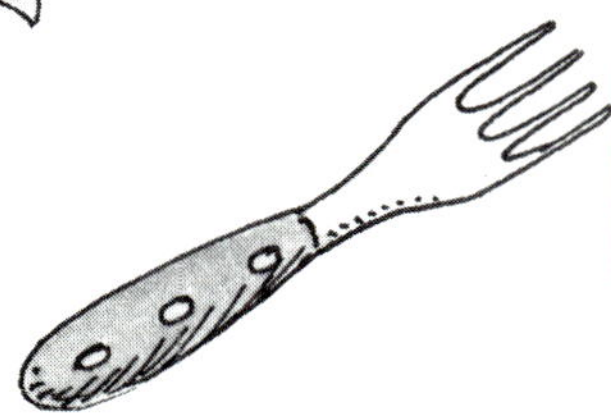

1	2	3	4	5

6	4	7	7	4	8	9	2	9	10

11	12	8	3

Schreibe die Namen der dargestellten Dinge in die dazugehörigen Kästchen. Nun weißt du, welcher Buchstabe zu welcher Zahl gehört und kannst die richtigen Buchstaben den Zahlen entsprechend in die unteren freien Kästchen übertragen.

6	4	8		3	8	12	7		9	2	7		11	2	10	10		5	4	3	4	10
																						.

D.W.

6	4	8		3	8	12	7		9	2	7		11	2	10	10		1	4	3	4	10
																						.

Der Lösungssatz des Rätsels (Wer Brot hat, kann leben. Wer Brot hat, kann geben.) bietet den Einstieg in ein Gespräch über Hunger in der Welt und unsere eigene Betroffenheit.

Bratäpfel

Du brauchst für 4 Personen:

- 4 große festfleischige Äpfel (z. B. Sorte Boskop)
- Saft einer Zitrone
- 1 Eßl. gehackte Nüsse
- 1 Eßl. Zucker
- 2 Eßl. Rosinen
- 1 Eßl. Marmelade

Wasche und schäle die Äpfel und steche die Kerngehäuse sorgfältig aus (1). Bestreiche die Äpfel mit Zitronensaft. Mische für die Füllung Nüsse, Zucker, Rosinen und Marmelade untereinander. Fülle damit die Äpfel und bestreue sie mit etwas Zucker. Setze jeden Apfel auf ein Stück Alu-Folie und wickle ihn locker darin ein. Backe die Äpfel im vorgeheizten Backofen bei 220° ca. 10 – 15 Minuten.

VANILLESOSSE:

- 1 Päckchen Soßenpulver
- ½ l Milch
- 2 gestr. Eßl. Zucker

Dazu schmeckt eine Vanillesoße gut. Auf dem Vanille-Soßenpulver-Päckchen steht die Anleitung für die Zubereitung. Keine Angst – es geht ganz einfach!

Rezept für „Indisches Brot" Tschapati

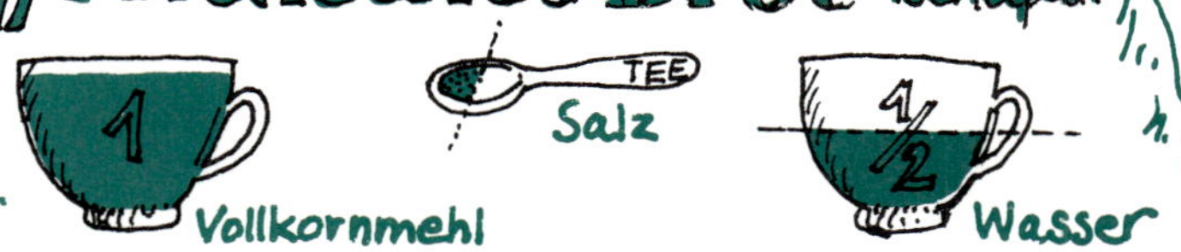

Zuerst das Mehl zusammen mit dem Salz in eine Schüssel sieben. Dann eine Kuhle in die Mitte drücken, das Wasser hineingießen und alles zu einem glatten Teig verarbeiten. Den gut durchgekneteten Teig in 10 Portionen aufteilen und diese unter einem Tuch 30 Minuten ruhen lassen. Danach die Teigportionen mit dem Nudelholz zu ganz dünnen Scheiben ausrollen. Eine große Pfanne erhitzen (mit etwas Öl ausstreichen) und die Fladen von beiden Seiten langsam knusprig braten.

Für die Schöpfung danken

Brot

Hunger

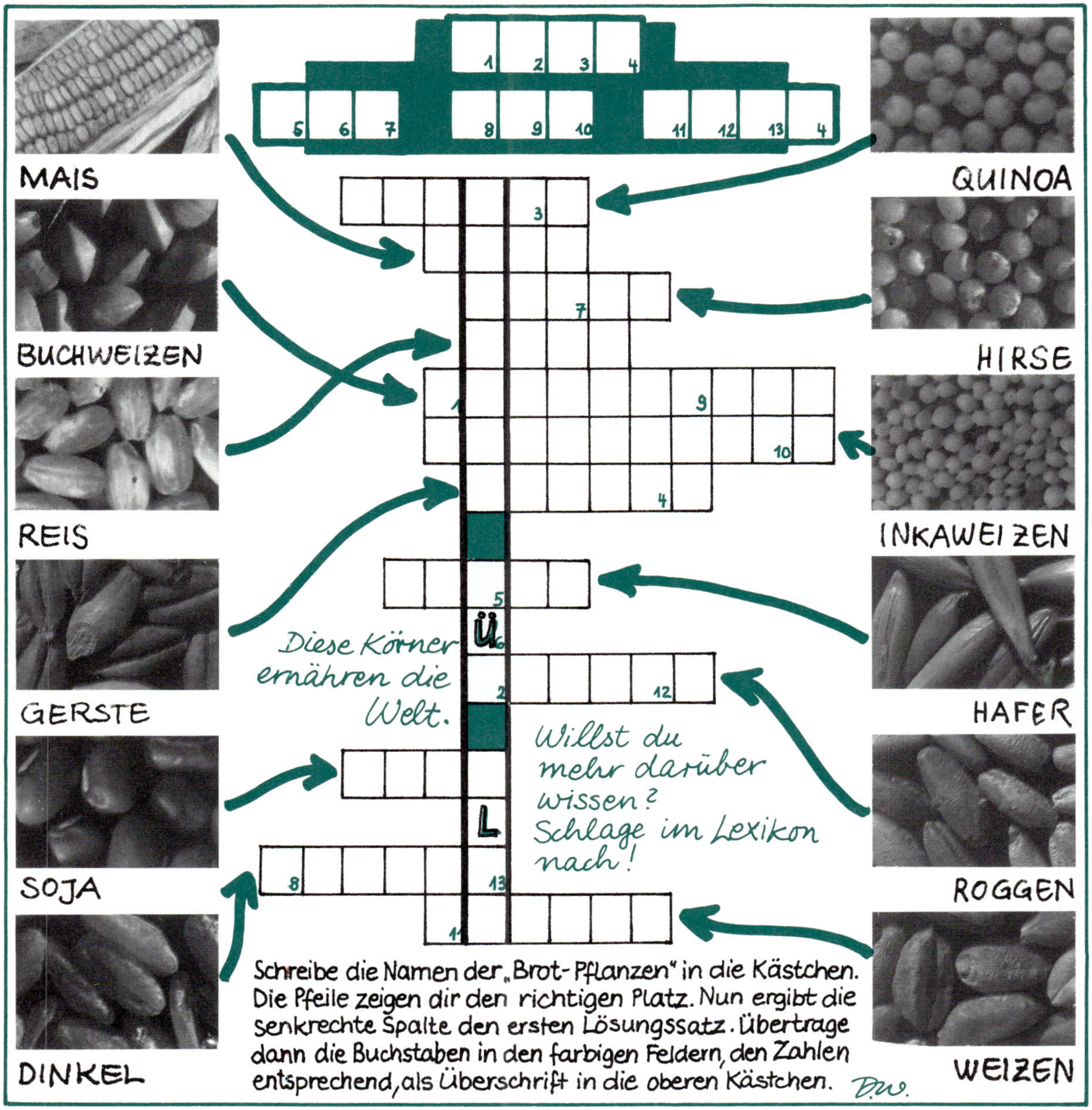

Das Thema kann vertieft werden, indem die Kinder Informationen über die genannten Getreidesorten sammeln und Schaubilder damit gestalten.

Rätsellösungen:

Seite 27: Alles gäbe es nicht! Ohne Wasser kein Leben! Lösungssatz: Wasser ist Leben
Seite 29: Regenbogen – Zeichen des Friedens
Seite 31: 1 Kastanie – 2 Eiche – 3 Buche
Seite 32: 1 A Linde – 2 E Kastanie – 3 B Buche – 4 D Kopfweide – 5 C Eiche
Seite 36: 9 (C/D1 – F2 – C3 – D4 – F4 – B5 – A6 – B7 – E/F6)
Seite 38: Schmetterling: B-D-A-C Schädling: Schnecke Rebus: Acht – Buch – Brief – Kerze – Hund + Stern + Tanne = Macht euch die Erde untertan
Seite 38: (Forts.) Sieb – Schaufel – Waage = die Schöpfung bewahren
Seite 39: Insel + Noten – Kind – Sieb – Auge + Mund + Leiter + Mond + Zeiger – Herz – Arme = Insekten sind die Gesundheitspolizei der Erde
Seite 44: Erntedankfest
Seite 46: Gabel – Wetterhahn – Korb = Wer Brot hat, kann leben, wer Brot hat, kann geben.
Seite 47: Brot ist Leben
Seite 48: 1. Nahrung für alle
2. Brot für die Welt